宇宙人体験リーディングII

新種の宇宙人を調査する

Ryuho Okawa
大川隆法

本リーディング第1章は、2018年6月20日、幸福の科学総合本部にて、公開収録された（写真）。

本リーディング第2章は、2018年6月29日、幸福の科学総合本部にて、公開収録された（写真）。

まえがき

不思議な話ばかりである。私自身もずいぶんと鍛えられる感じがする。

第1章の「宇宙人体験リーディング 不思議現象編」では、那須《なす》の幸福の科学学園でここ数年起きた事件のいくつかが明らかにされている。学園探索《たんさく》用に開発された新種のグレイや妖怪、ポルターガイスト現象、スターゲートの話まで出てくる。

第2章の「新種発見編」では、退行催眠《たいこうさいみん》をかけもしないで、何年、何十年も前に本人が体験したり、霊夢の中でリアルに経験したことを、「タイム・スリップ・リーディング」で透視している。背景には、数億年にもわたる人類と宇宙人との交流があるので、十分には説明が尽くせないものもある。記録を積み重ねて、真実をつかみ出す以外には、適切な方法が見当たらないといったところが、現在進行中の神秘現象へのいつわらざる感想である。

二〇一八年　九月四日

幸福《こうふく》の科学《かがく》グループ創始者兼総裁《そうししゃけんそうさい》　大川隆法《おおかわりゅうほう》

宇宙人体験リーディングⅡ　目次

第1章　宇宙人体験リーディング 不思議議現象編

二〇一八年六月二十日　収録
東京都・幸福の科学総合本部にて

序　那須《なす》の幸福の科学学園等で起きた「特徴《とくちょう》的な現象」を探《さぐ》る

ケース1　雨の日に、三階の窓の外にグレイが現れた　29

第2章　宇宙人体験リーディング　新種発見編

二〇一八年六月二十九日　収録
東京都・幸福の科学総合本部にて

古来、釈迦《しゃか》のように悟《さと》りを開いた人には、人知を超《こ》えた六種の自由自在の能力「六神通《ろくじんずう》」（神足通《じんそくつう》・天眼通《てんげんつう》・天耳通《てんにつう》・他心通《たしんつう》・宿命通《しゅくみょうつう》・漏尽通《ろじんつう》）が備わっているとされる。それは、時空間の壁《かべ》を超え、三世《さんぜ》を自在に見通す最高度の霊的《れいてき》能力である。著者は、六神通を自在に駆使《くし》した、さまざまなリーディングが可能。

本書に収録された公開リーディングにおいては、霊言《れいげん》や霊視《れいし》、「タイムスリップ・リーディング（対象者の過去や未来の状況《じょうきょう》を透視《とうし》する）」「リモート・ビューイング（遠隔《えんかく》透視。特定の場所に霊体《れいたい》の一部を飛ばし、その場の状況を視《み》る）」「マインド・リーディング（遠隔地の者も含《ふく》め、対象者の思考や思念《しねん》を読み取る）」「ミューチュアル・カンバセーション（通常は話ができないような、さまざまな存在の思いをも代弁して会話する）」等の能力を使用している。

第1章　宇宙人体験リーディング 不思議現象編

二〇一八年六月二十日　収録

東京都・幸福の科学総合本部にて

〔対象者〕

竜《たつ》の口法子《くちのりこ》（幸福の科学学園宗教教育担当常務理事）

〔質問者〕

斎藤哲秀《さいとうてつしゅう》（幸福の科学編集系統括《とうかつ》担当専務理事 兼《けん》ＨＳＵ未来創造学部
芸能・クリエーターコースソフト開発担当顧問《こもん》）

綾織次郎《あやおりじろう》（幸福の科学常務理事 兼 総合誌編集局長
兼「ザ・リバティ」編集長 兼 ＨＳＵ講師）

吉川枝里《よしかわえり》（幸福の科学総合誌編集局副局長 兼「アー・ユー・ハッピー？」編集長）

［質問順。役職は収録時点のもの］

序　那須《なす》の幸福の科学学園等で起きた「特徴的《とくちょう》な現象」を探《さぐ》る

映画「ＵＦＯ学園の秘密」のモデルとなった幸福の科学学園

大川隆法　よろしくお願いします。（事前に募集《ぼしゅう》した宇宙人体験情報のファイルを見ながら）竜の口さんの事例がすごそうなので、今日の午前中（の収録）は、この一つに絞《しぼ》らせていただきたいと思います。

竜の口　（笑）すみません。ありがとうございます。

大川隆法　（ファイルをめくりながら）こういったものは、もう、何人分来るか分からないですからね。

三年前（二〇一五年）に映画●「UFO学園の秘密」を上映したので、（その舞台《ぶたい》の「ナスカ学園」のモデルとなった幸福の科学学園那須《なす》本校の中高生は）やはり、逃《に》げられなくなったのかもしれません。あそこは見に来る人（宇宙人）が多いかもしれないですね。

ただ、あまり怖《こわ》がらせると、今後、幸福の科学学園の入学者がいなくなるので、今日は、微妙《びみょう》な調整が必要かもしれません（会場笑）。

なお、この秋（二〇一八年十月十二日）公開のアニメ映画「宇宙の法―黎明《れいめい》編―」― "The《ザ》 LAWS《ローズ》 of《オブ》 the《ザ》 UNIVERSE《ユニバース》 - PART《パート》 I《ワン》" ―（製作総指揮・大川隆法）では、「ナスカ・ユニバーシティ」が出て

●映画「UFO 学園の秘密」　2015 年 10 月より全国の劇場で公開した、大川隆法製作総指揮による長編アニメーション映画。日本国内だけではなく、海外での配給も行われた。北米版のタイトルは"The Laws of The Universe Part 0"。（左）幸福の科学学園中学校・高等学校那須本校。

きますが、そちらはＨＳＵ●（ハッピー・サイエンス・ユニバーシティ）そのものの姿で描《えが》かれているので、（宇宙人も）秋からは、ＨＳＵのほうに行くと思います。そのため、こちら（幸福の科学学園那須本校）は少し〝薄《うす》く〟なるのではないでしょうか。

雨の日に窓が光って、グレイのシルエットが見えた

大川隆法　では、竜の口さんの話を聴《き》きましょうか。幾《いく》つかの体験が混ざっているかもしれませんけれども。

斎藤　竜の口法子常務理事は、幸福の科学学園に赴任《ふにん》して以来、五年半がたちますが、その間に、生徒たちから「宇宙人体験をした」という話をかなりたくさん聞いているそうです。

映画「宇宙の法―黎明編―」（製作総指揮・大川隆法／2018年10月12日日米同時公開予定）

●ＨＳＵ（ハッピー・サイエンス・ユニバーシティ）
2015年４月に開学した「日本発の本格私学」。「人間幸福学部」「経営成功学部」「未来産業学部」「未来創造学部」の４学部からなる。千葉県長生村《ちょうせいむら》と東京都江東区にキャンパスがある。

特徴的《とくちょう》なものとしましては、「雨の日に、窓にグレイが見えた」といった具体的なものもあります。

竜の口　今年（二〇一八年）の四月ですね。私が住んでいるのは幸福の科学学園那須本校の女子寮《りょう》の三階なんですが、三階の生徒が「雨の日にベッドに寝《ね》ていたら窓が光ったので、パッと見たら、グレイのシルエットが見えた」と言うんです。

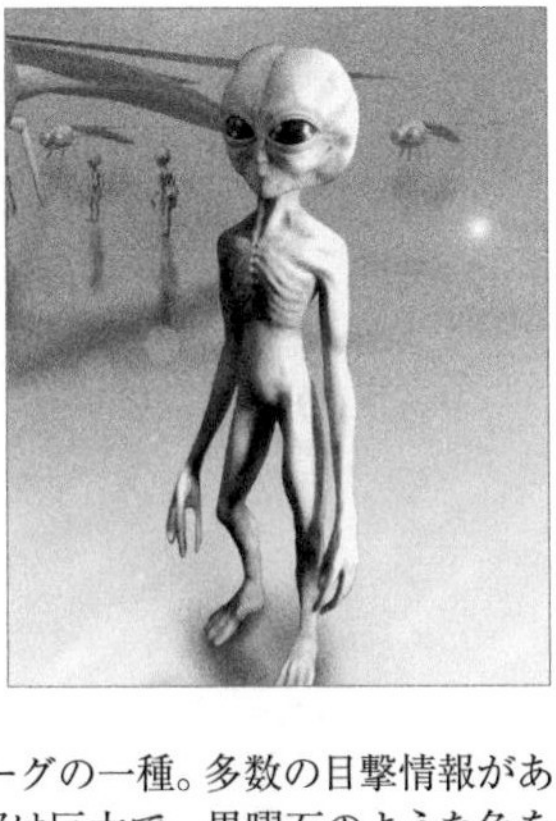

中学校の女子生徒たちが集団で脚《あし》を震《ふる》わせた不思議な現象

竜の口　それから、映画「さらば青春、されど青春。」の公開が近づいてきたころに、また、ＵＦＯを見ました。

映画「ＵＦＯ学園の秘密」のときにも、ＵＦＯ目撃《もくげき》情報はあったのですが（左ページ写真参照）、今回の映画「さらば青春、されど青春。」のときにも……。

●グレイ　宇宙人のタイプの一つであり、サイボーグの一種。多数の目撃情報がある。身長は120センチぐらいと小柄で細身。頭部は巨大で、黒曜石のような色をした大きな目を持つ。『グレイの正体に迫る』『ザ・コンタクト』（共に幸福の科学出版刊）等参照。

大川隆法　あれでＵＦＯが来るんですか!?

竜の口　はい（笑）。ＵＦＯが来て、不思議な現象が五月に起こりました。

中学生の女子が集団でなのですが……。

大川隆法　集団で!?

竜の口　はい。過呼吸気味《ぎみ》で息苦しい感じになって、脚《あし》が震《ふる》え出したので保健室に運んだのですが、脚の震えがずっと止まらないんです。

それで、私や教職員が、「悪質宇宙人撃退祈願《きがん》」等をしたのですが、それで一回、「止まったかな」と思うと、次は、それがほかの生徒のところに行ったりし

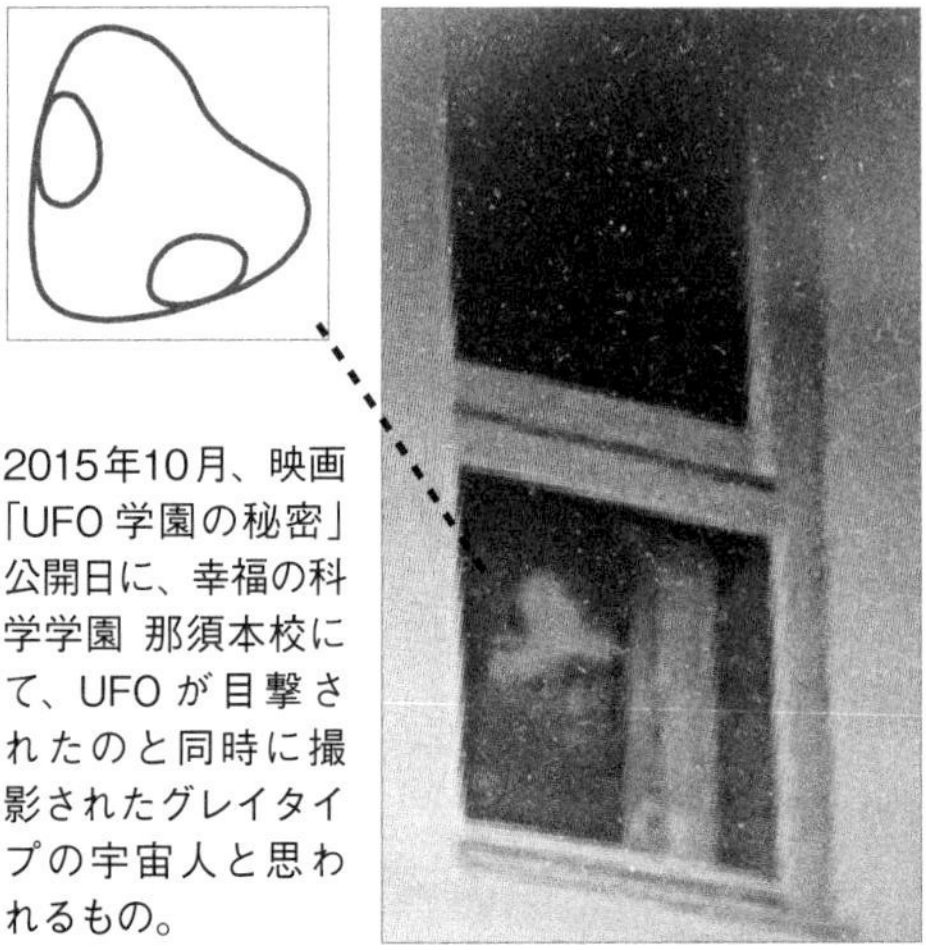

2015年10月、映画「UFO 学園の秘密」公開日に、幸福の科学学園 那須本校にて、UFO が目撃されたのと同時に撮影されたグレイタイプの宇宙人と思われるもの。

●映画「さらば青春、されど青春。」　2018 年 5 月 12 日より全国の劇場で公開した、大川隆法製作総指揮による実写映画。

●「悪質宇宙人撃退祈願」　地球人に害を及ぼす悪質な宇宙人の悪行を封印し、撃退する祈願。幸福の科学の支部や精舎《しょうじゃ》で開催。

て、「脚が言うことをきかなくなる」ということが五月にありました。

大川隆法　えっ、それは、どのような感じだったんですか。保健室で？

竜の口　はい。そうですね。

大川隆法　ふうーん。立ったまま？　それとも、寝ている状態ですか？

竜の口　その生徒は、もう座《すわ》っていました。それを祈願で撃退したりしました。また、学園のすぐ近くにある那須精舎《しょうじゃ》でも「悪質宇宙人撃退祈願」を受けさせて、頂いたお守りを、「これをぶら提《さ》げていなさい」と言ってぶら提げさせていると、そういうことが起きなくなったりするんですね。

大川隆法　うん、うん、うん。

竜の口　ところが、今度は五月三十日に、撃退していた私のほうに、そういったことが起こってしまいました（笑）。

大川隆法　（笑）

竜の口　ある研修の導師《どうし》として、エル・カンターレ像前で立ったまま「正心法語《しょうしんほうご》」を読んでいたときに、脚がガタガタガタガタガタ震え出して、音がするぐらいになってしまったんです。

それで、心のなかで、「エル・カンターレ！」と叫《さけ》びましたところ、何とか、「正心法語」を読み終えることができました（笑）（会場笑）。

●「正心法語」　幸福の科学の根本経典《こんぽんきょうてん》『仏説・正心法語』のなかに収められている経文《きょうもん》「真理の言葉『正心法語』」。『仏説・正心法語』に収められた７つの経文のなかで、最も大切で中心的なものとされている。仏陀意識から降ろされた言魂《ことだま》で綴られており、これを読誦《どくじゅ》することで天上界とつながり、霊的な光が出てくる。

大川隆法　それは大変でしたね。

竜の口　その前にも、五月十二日に映画が始まってから三日目ぐらいに、学園にUFO情報があって、教職員が動画で撮影《さつえい》したりしました。

「宇宙人」も「幽霊《ゆうれい》」も「妖怪《ようかい》」も来る？

大川隆法　（ファイルを見ながら）なるほどね。ここに書かれているものには、UFOや幽霊《ゆうれい》、妖怪《ようかい》等の体験がたくさん混ざっている可能性があります。どうしましょうか。

ほかにも、まだ、「窓が閉まっているのにカーテンが揺《ゆ》れた」とか、「ノックの音がしたのに誰《だれ》もいなかった」とか……。まあ、これはよくある話ですね。

斎藤　怪奇《かいき》現象ですね。

大川隆法　うーん、分からないですね、これらが同じかどうかは。

「（竜の口が）五年前に幸福の科学学園に来て、総本山《そうほんざん》・那須精舎の修行堂《しゅぎょうどう》に泊《と》まったときに、窓が閉まっているのに、いきなり風が吹《ふ》いてカーテンが揺れた」という。うーん……。

竜の口　そのとき、あまりにも怖かったので、部屋を飛び出したところ、学生部合宿でワイワイやっている大学生たちがいたので、そっちに逃げました（笑）。

大川隆法　こういった話なら、『新耳袋《しんみみぶくろ》』に追加してもいいぐらいの感じですから、（宇宙人と幽霊の）どちらに行くかは分かりませんね。

それから、「四年前に女子寮に泊まったときに、ノックが聞こえたのに誰もいないという体験をした」。いや、これは、よくあるんですよね。

●『新耳袋』　現代のさまざまな怪異現象を集めて収録した怪談集（木原浩勝《きはらひろかつ》・中山市朗《なかやまいちろう》共著）。江戸時代中期に、奇談などが記録された随筆『耳袋』に由来する。

竜の口　これは四年ぐらい前になりますが、生徒たちがそのように騒《さわ》ぎ始めたので、「大川隆法先生のお写真を貼《は》っておけば、もう来ないよ」と言って、総裁先生のお写真を部屋のドア全部に貼らせていただきました（笑）（会場笑）。

大川隆法　はい。よく使われているんです（笑）。

竜の口　すみません。

大川隆法　それ以外にも、「夜中にドアが開《あ》いて宇宙人が来た。悪質宇宙人撃退祈願を……」。

いや、最近、そうとう、「悪質宇宙人撃退祈願」があちこちで行われているらしいということは、分かってはいるんですけれどもね。

映画「UFO学園の秘密」はUFOの母船《ぼせん》でも上映されている!?

大川隆法　では、やってみますか。ただ、これは何が視《み》えるかは分かりませんね。

（原因が）複数にわたっている可能性がありますので。

順番に行きましょうか。五年半分の体験があるので、かなりの宇宙人が来ています。

（ファイルに入っている星座図を見ながら）今日は、星座の図表を付けてもらったのですが、星座は多すぎて、さすがに厳しいですね。宇宙人の出身の星座まではかなり分からないかもしれません。宇宙人に関する情報を増やさなければいけないですし、かなり分かってはきているのですが、まだ、地球に来ている宇宙人で判明していないものがありますので。

それでは、竜の口さんの幸福の科学学園での体験について、リーディングを行おうと思います。どれから行きましょうかね。うーん……。

「映画の時期によく来る」というのは困りますね。みな、学校にいたくなくなって、どこかに出かけたくなるのではないでしょうか（笑）。

竜の口　いえ、いえ。ＵＦＯが見えたりするので、生徒は「これは楽しいなあ」と言っていますので、映画は大丈夫《だいじょうぶ》です。

大川隆法　「楽しい」と言っている？　「映画館に退避《たいひ》！」とか言っているのではないですか。

竜の口　「ＵＦＯ学園の秘密」のときに、かなり、ＵＦＯが見えていましたけれども。

大川隆法　ああ、それはそうだと思います。あの映画は、今、ＵＦＯの母船《ぼせん》のなかでも上映されていますからね。

斎藤　えっ!?

大川隆法　ええ。（宇宙人も）みんな、けっこう観《み》ているんですよ。

竜の口・斎藤　母船で上映……。

大川隆法　ええ、宇宙人も観ているんです。

斎藤　はあ。幸福の科学の映画をですか。

大川隆法　うん。〝情報を取れる〟ので、「UFO学園の秘密」は母船で上映しているんです。ですから、次の「宇宙の法―黎明編―」を母船でかけていいかどうかということについて、「やはり、映画館で上映してからかなあ」とか、今、いろいろ言っています。

斎藤　ああ。そんな具体的なタイミングの問題まで……。

大川隆法　そう、そう。「やはり、公開より先に観たらいけないのではないか」と。

斎藤　具体的実務に入っているわけですね（笑）。

大川隆法　そうなんです。あちらで地上のいろいろな情報が取れるんですよ。モニタリングをしているので、情報を取れて、観られるんですよね。

ケース１　雨の日に、三階の窓の外にグレイが現れた

視《み》えたのは、普通《ふつう》のグレイではなく……

斎藤　最初に申し上げた、「二〇一八年の四月に、グレイを目撃《もくげき》」というのがありますが……。

大川隆法　ああ、これは具体的ですね。

斎藤　はい。「ピカッと光って、グレイを見た生徒がいた」という。

大川隆法　「雨の日に」ですか。「女子寮《りょう》の三階」と言いましたよね？

竜の口　はい。三階のお部屋です。

大川隆法　「三階の窓にグレイが見えた」わけですか。三階だと外に人はいないよね？

竜の口　大雨の日で、その生徒が言うには、「雷《かみなり》も鳴っていたように見えたけれども、パッと光って、窓を見たらグレイだった」ということです。

大川隆法　うーん……。大雨で雷だと、もう、グレイでも悪魔《あくま》でも何でも来る日でしょうね。では、この事例から行きますか。

まず、一つ目ですね。「幸福の科学学園での体験」で、雨の日のグレイ目撃の情報がありましたので、これを透視《とうし》してみます。

（瞑目《めいもく》し、大きく四回、深呼吸をする）

（両手を顔の前で交差させ、顔の横に移す。約二十秒間の沈黙《ちんもく》）

……確かに、それらしいものは視《み》えるのですが、頭と体のバランスが、通常、「グレイ」といわれるものと少し違《ちが》う感じが私にはするんですよ。

体のほうは、どちらかというと、ヤマアリのような……。大きなアリがいるでしょう？　あのヤマアリのようなスタイルです。胴体《どうたい》があって、脚《あし》がある、ヤマアリのような感じなので、普通《ふつう》のグレイの体とは違います。

けれども、頭の部分は、「ゲゲゲの鬼太郎《きたろう》」に出てくる「目玉おやじ」のようなものが上に乗っている感じなんです。この形のグレイは、今までに報告はありません。

大きなヤマアリの体に槍《やり》を持っている？

大川隆法　うーん……、どちらかな？　化《ば》け物か宇宙人か。妖怪《ようかい》かな。

（瞑目し、左手を顔の前で正面にかざしながら、約五秒間の沈黙）

女子寮三階の窓において、女子学生を、大雨の日、雷が鳴る日に驚《おどろ》かせた者よ。その正体を明らかにしたまえ。（約十秒間の沈黙）

何か、武器のような物を持っていますね。

視えてくるのは、（槍《やり》を突《つ》くようなしぐさをしながら）こういう感じで突ける物です。先には矢印がついているので、槍のような感じに視えます。

ただ、その下のほうは金色《きんいろ》で、槍の棒の部分をグルグルグルグルグルッと、「ケリューケイオンの杖《つえ》」とは違いますが、グルグルッと金色の物が巻かれていて、その下の部分の色は金色ではなく、やや銀色のようなものですね。こういう物を持っていますね。これは武器でしょうかね。

それで、頭は、先ほど言ったように、ピンポン玉に目玉をつけたような感じで、目は一個しかない。

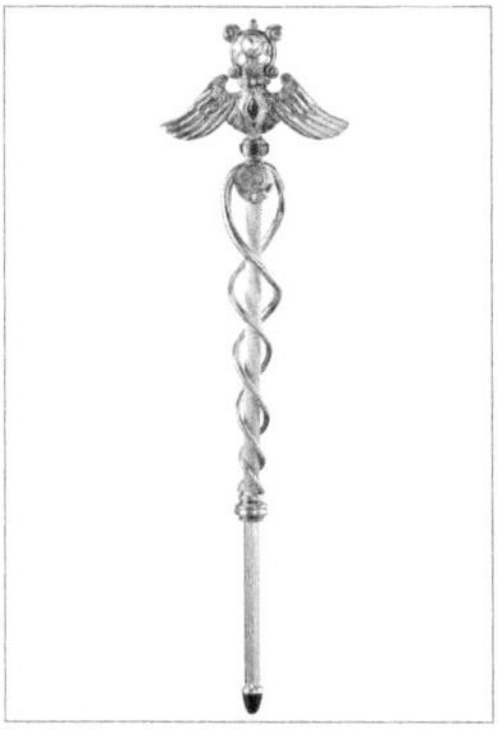

●**ケリューケイオンの杖**　エル・カンターレの分身の一人であるヘルメス神が持つ奇跡の杖のこと。金色の杖で、女神《めがみ》の顔が彫られているのが特徴。ギリシャ神話では、翼のついた杖の柄に２匹のへびが巻きついたかたちで描かれることが多い。カドゥケウスの杖とも呼ばれる。『愛は風の如く』（全４巻、幸福の科学出版刊）参照。

斎藤　一個の目が……。

大川隆法　大きなピンポン玉に目玉が一個ついたような感じの顔をしていて、体は……。

いわゆる「グレイ」は、普通、手が二本、脚が二本ですよね。ところが、手はなくて脚が多い。一、二……、六本か。

斎藤　脚が六本。

大川隆法　うん。昆虫《こんちゅう》系だね。

斎藤　昆虫系で、アリのような形です。

大川隆法　うん、うん、脚が六本。頭が「目玉おやじ」で、ヤマアリを大きくした体に、なぜ、「槍」を持っている？

斎藤　持つところが金色、下部が銀の槍ですね。

大川隆法　槍の先は、普通の槍のような尖《とが》り方をしています。ただ、平たくて、厚みはそれほどないのですが、三角形でスパッと入るような感じの槍に視えますね。

カメラを内蔵し、護身用具を持ち、壁《かべ》を登れる探査用のもの

大川隆法　あなたは何者ですか？　そういう姿は見た経験がないんです。あなたは何者ですか。答えなさい。

（瞑目し、右手を正面にかざしながら、約二十五秒間の沈黙）

うーん……、まあ、一般的《いっぱん》に見られている標準タイプの「グレイ」とは違いますが、確かに、機能としてはやや近いもので、やはり、「偵察《ていさつ》・探査用」のものですね。

宇宙人そのものが来るとややリスクがあるので、いちおう、こういうものを使うんですね。偵察用に送るものです。情報を取るために見に来ているんですね。

それは、大きなピンポン球《だま》のような頭に、一つ目の大きな目がついているものなので、おそらく、カメラを内蔵していると思われます。（宇宙人の）本人たちは宇宙船のなかにいると思うんですが、そのカメラから映像を送らせて観《み》ているんですね。

小さな槍のようなものは、たぶん、ショックガンのように、一瞬《いっしゅん》、痺《しび》れさせるようなものではないかと思います。身を護《まも》る道具ですね。何か、そのようなものだと思うんです。だから、身に危険があったときに、それで……。人間だとか、犬だとか、危険なものがいますし、あるいは、追いかけられたりすることもありますので。

そういったときに、その道具で触《ふ》れると、体に電流のようなものが走って痺れるんですよ。それで、その間に逃《に》げるというやり方ですね。

だから、これは探査用のものですが、この形を見たのは初めてです。三階まで登っているから、おそらく、クモやアリなどが壁《かべ》を上がるように登れるものでしょう。それに、偵察用の一眼レフのカメラが頭についているという感じですね。

これは、雷が光ったときに、パッと（その姿が）映ったら、確かに、グレイのように見えるかもしれません。

ですから、そういったものにも形がいろいろあって、那須《なす》は山地なので、「こんな形のほうがいい」と思って出してきたんでしょうね。

なぜ〝幸福の科学学園用に開発されたグレイ〟を円盤《えんばん》から送ったのか

大川隆法　（瞑目し、右手を正面にかざす）あなたは、誰《だれ》に派遣《はけん》されたものですか。答えなさい。あなたは誰に派遣されて、女子寮の三階を覗《のぞ》きましたか。（約二十五

ヤマアリ型グレイの想像図。

秒間の沈黙）

では、このものを送った者、送った者は誰ですか。（約五秒間の沈黙）

うーん。円盤《えんばん》は、●釣《つ》り鐘《がね》状の円盤ですね。

斎藤　釣り鐘状？

大川隆法　釣り鐘状の円盤から来ていますね。そこから観ているんだろうけど。うーん……。（約五秒間の沈黙）

なぜ？　何か「人事面談」と言っていますよ（笑）。本当かな？

斎藤　（笑）人事面談ですか。

大川隆法　勘弁《かんべん》してほしいですね。まあ、お互《たが》い様です。幸福の科学学園生に対し

●**釣り鐘状の円盤**　2012年12月25日に収録されたリーディングでも、釣り鐘状の宇宙連合の円盤が発見されている。『宇宙連合の指導者インカール―「UFO学園の秘密」補完リーディング―』（宗教法人幸福の科学刊）参照。

て、もう早くも〝人事面談〟が始まっているらしいんです。「将来、使えそうな人がいるかどうかを、今、見に来ているんだ」と言っていますね。

ただ、敵側の危険な者ではないような感じはします。うーん……、これは、どこが使っているものですか？　はあ。「これは、幸福の科学学園用に開発されたものの一つなんだ」と言っています。

竜の口　（笑）

大川隆法　山や、高さがあるものの上に上がったりするための〝学園用のグレイ〟なんだそうです。まあ、「新型グレイ」ですね。

斎藤　「新型グレイ」ですか。

大川隆法　うん、うん。「新種のグレイ」で、壁を上がっていけるところがよいところらしいんです。

おそらく、何かのときには、この目玉の頭の、ピンポン球のような部分を変色させて黒くすれば、全体が忍者《にんじゃ》のようになって、見えなくなるのではないかと思いますけれども。

「新種のグレイ」を使っているのは、どこの宇宙人か

大川隆法　うーん……。どこが使っているんですか、これは。どこが使っているのか。（瞑目し、右手を正面にかざしながら、約五秒間の沈黙）

特定の星というわけではなくて、「惑星連合《わくせい》は乗り合いで来ているので、そこで使っているものです」と言っていますね。

ときどき危険なことがあるわけです。生徒といえども、武器を使う場合があるんですね。例えば、雨傘《あまがさ》などを振《ふ》り回されると、頭がへこんだり、脚がちぎれたりす

●惑星連合　惑星連合を構成している星は、ベガやプレアデス、ケンタウルスαなど主に8つあり、悪質宇宙人から地球を護っているとされる。『地球を守る「宇宙連合」とは何か』（幸福の科学出版刊）参照。

ることはあるでしょう。雨傘を振り回されたり、金属バットを振られたりすると、殺されるわけではありませんが、けっこう、故障させられるというか、傷《いた》められるので、いちおう、用心はしながら覗いているようです。

おそらく、その階に、（宇宙人が）関心のある人が誰かいたのではないかと思われます。これは、もう何年か後にならないと出てこないかもしれませんが、何か関心のある人がいて、身元調査をしていたのではないかと思うんです。「惑星連合系のグレイ」ですね。

なぜ、雨の日に？　雨で雷の日に、何をしに行くのですか……。

あっ、「分かりにくいから」。なるほどね。（雨の日は）分かりにくいですよね。

確かに分かりにくい。それで行ったんですね。

"UFO学園"の記録映像を撮《と》るグレイには、さらに分身《ぶんしん》がいた

大川隆法　（瞑目し、右手を正面にかざしながら）ほかに意図はありますか。「拉致《らち》

したい」とか、何か、そのようなことはありますか？

「いや、そういう意図はない。ないけれども」（約五秒間の沈黙）

ああ、「〝UFO学園〟というのは、今、有名なんですよ」と言っています。ですから、いろいろなかたちの記録映像を欲《ほ》しがっている人が多いので、撮影班《さつえいはん》が行かなくてはいけないんです。ただ、あまり晴れ渡《わた》っている日などは具合が悪いことが多いので、できるだけ分からないようにしているんですね。

向こうのほうのカメラは高性能なので、天候が悪くても撮《と》れます。こちらのカメラは、雨や風や雷の日だと、それほどよく撮れないでしょうが、向こうのカメラは撮れるんです。高性能のため撮れるので、自分たちの姿が見えにくいシチュエーション（状況《じょうきょう》）を選んでいるということのようです。

あとは、そこからさらに、分身《ぶんしん》が出せる、「小さいもの」が出せるらしいんです。「小さいもの」というのは、本当に、昆虫と見間違うようなものが、まだ出せるらしいんですね。

首の横にあるエラのようなところをパカッと開けると、そこにさらに、その同類型なんだけれども、小さいもの、虫か何かと間違われるぐらいの「小さいもの」がいるんです。長さ二、三センチぐらいの……。

斎藤　二、三センチですか？

大川隆法　ええ。そういうものだったら、這《は》っていても、そんな簡単には分からないですから。

斎藤　その大きさですと、パッと見て、完全に分からないですね。

大川隆法　屋内侵入《しんにゅう》用のものですね。だから、それは基本的には「カメラ」なんです。それで、モニタリングしているんですよ。例えば、「〝ＵＦＯ学園〟の一日」とか、そういったものをつくっているわけです（笑）（会場笑）。

月に数回来て、「目星をつけた人」をウオッチしている

綾織　それは、もう常時いるような状態なのでしょうか。

大川隆法　いや、ときどき来ています。ずっといるほど暇《ひま》でもないだろうけれども、うーん……。（瞑目し、約三秒間の沈黙）「月に数回ぐらいは行っています」と。

綾織　よく来ていますね。

大川隆法　ええ。月に数回は来ています。

（右手をかざす）「ただ、今のところ、幸福の科学との関係があるので、危害を加えるようなことは、基本的にはございません。

ただし、野球部などがみなで呼ばれて来て、金属バットで殴《なぐ》り殺しに来るなどということになりましたら、それは防衛上、少しは何かしなければいけないので、そういう場合には、失神していただくとか記憶《きおく》がなくなるとかいうことはあるかもしれません。しかし、基本的に危害を加えるつもりはなくて、記録用で来ているんです」と。

ですから、「地球のなかの、霊界《れいかい》と宇宙に心を開いた人たちが、どのように成長していくか。地球での新しい教育が、どのように行われているか」という記録を取っていて、「幸福の科学が、将来、どうなることによって、彼らがどのように活躍《かつやく》していくか」ということについて、だいたい目星をつけた人を、その後、追っていくわけです。

ですから、職員になって職員寮などに入ると、引き続き、ウオッチが続いていくという感じです。

そういう意味で、「その対象として面白《おもしろ》そうかどうか」を、少し〝人事面談〟する必要があるということですね。

綾織　それは、「使えそうな人は、もうずっとウオッチし続ける」という意味ですか。

大川隆法　まあ、エリートですね。ある意味で、「宇宙的観点から見たエリート」というか、「面白そうな人」ということですかね。

本人が中高生あたりから（学園に）入って、どのようになっていくかをウオッチしていて、おそらく、「教育の効果」も見ているんだと思います。

モニタリングした映像には「心のなかの思い」も映っている

大川隆法　（そういったモニタリングが）映画の時期に多いのは、「映画を観たら、彼らがどのように変わるか」ということを見ているんです。

また、もう一つ言えるのは、（外から見た）映像だけではなくて、「想念の部分」も撮るんですよ。

斎藤　えっ!?

大川隆法　同時に撮るんです。それは小型ＵＦＯのなかでは映りませんが、母船《ぼせん》に帰ったときは上映室を持っているんですよ。
例えば、（総合本部の大礼拝室《だいれいはいしつ》を見回して）この程度ぐらいの映画館のようなものが、母船のなかに幾《いく》つかあるんです。それで、上映するときに、その映像に心のなかの思いのようなもの、声が外に出るんです。

斎藤　（笑）心のなかの声が、科学的に……。

大川隆法　ええ。「どのように考えているか」がね。

例えば、「映画『さらば青春、されど青春。』を観て、どう思った？」とか、「映画『心に寄り添《そ》う。』を観て、どう思った？」というようなインタビューに対して、映った女子学生なり男子学生なりが、その答えとして心のなかで思っている像が言葉で出てくるので、みな、「ははあ……、そういうふうに見るんだ」というような感じで観るわけです。

あるいは、場合によっては、向かって左側の映像は映画の画面で、右側にそれを観た生徒の生活などが対《つい》になって映っていることもあります。それで、「どのように反応したか」というような、地球人の思考回路や反応、情操《じょうそう》の部分が分かるんですね。

あるいは、宇宙人がいちばん知りたがっているのは、「思いのコントロール」「思いの力が、どのように変化してくるのか」というところなんです。これを、いちばん見たがっていて、「こういうものには、このように反応するんだ」というサンプ

●映画「心に寄り添う。」　2018年5月公開の実写映画（企画・大川隆法）。

ルを集めているんですね。

斎藤　ほお……。

大川隆法　いちおう、みんな、「研究対象」にはなっているんです。

いろいろな星から来た先祖がどうなっているかを記録している

綾織　それは、地球人を、動物を観察するように見ているものなのか、あるいは、何かを学び取ろうとしているのか、どちらなのでしょう。

大川隆法　うーん……、まあ、彼らの先祖のなかには、いちおう、時間はズレますが、昔、地球に来た者たちも数多くいるので、その後、（そういった人たちの）地球での生活がどうなっているのかを、ずっと定点観測《ていてんかんそく》しています。

したがって、何か変わったことがあったら調べに来るわけです。例えば、普通のＵＦＯであれば、北朝鮮《きたちょうせん》で戦争が起きるかどうかなどを見ていて、もし起きたら大量のＵＦＯが現れて、記録映像をたくさん撮っていくはずです。まあ、そういう感じですね。

ですから、それほど、（地球人を）下等動物のように見ているつもりはないのですが、先祖がいろいろなところから来ている者たちがいるので、「それが、今、どうなっているか」という記録映像をずっと撮っているんです。

そういう意味では、長くいくと、ものすごく長い年数になります。そこまで大きな使命がある人の場合は、すごく長いレンジ（範囲《はんい》）でフォローしています。ただ、そこまで行かない人の場合であれば、例えば、二千年とか、そのくらいのスパンで、どのようになっているかを見たりしているし、新しく地球人になった人などについては、「どのように適応しているかを見ている」ということはありますね。

今はとても人口が増えていますから、新しく地球人として生まれた人もたくさんいるのです。したがって、そういう人がどのようになっていくかを彼らは記録しているのです。

それは、向こうで言うと、要するに、「生物学部」のようなものでしょうか。そういった人たちになるかもしれません。

綾織　それは、大きな意味では、「エル・カンターレの文明実験が、どう展開していくのか」という部分になるのでしょうか。

大川隆法　もちろん、そうですが、それについて理解するのに、いろいろとジャンルが分かれているので、「自分たちが全体のなかのどの部分をやっているか」についての理解は十分ではないとは思うんです。当会の映画の撮影班のようなもので、割り当てられて、こなしているような感じだろうとは思いますね。

斎藤　なるほど。

なるべく保護色を使って分かりにくくしたタイプのグレイ

吉川　「幸福の科学学園の観察用につくられた」ということだったのですけれども、そのグレイは、もう学園ができたときから来ているんですか。

大川隆法　（瞑目し、約五秒間の沈黙）

「だって、普通の一メートル二十センチぐらいのグレイが、あまりたくさん動いていたら嫌《いや》でしょう？　そんな感じなので、なるべく保護色を使って、何か分かりにくいようなものに変えたいとは思っているんです。

あとは、学園でできるとしたら、池がたくさんあるので、『河童《かっぱ》に化ける』という手はあるけど（会場笑）、河童は河童なりに現代では驚きを呼ぶだろうから、ちょっとできないかなとは思っている」ということです。

宇宙人はモニタリング対象者の「未来の映像」まで持っている

斎藤　モニタリングして、「ミッションのある子供は長く見ていく」ということですが、未来を視る力というか、「将来、この子は、どのようになるのか」ということや、いわゆる「運命シナリオ」のようなものを、惑星連合系の宇宙人のみなさんは見抜《みぬ》けるものなのでしょうか。

大川隆法　ある程度、人にもよるのですが、指標《しひょう》として彼らがずっと追っている人については、過去のものから、「未来でこういう出来事に出合わせる」というような未来の映像まで、いちおう持っているんです。

斎藤　未来の映像を持っているんですか。「未来の映像」といっても、まだ起きていないと思うのですが、そういうものまで持っているんですか。

大川隆法　起きていないのですが、映像はあるんですよ。それは、映画「宇宙の法―黎明編《れいめいへん》―」でいくと「宇宙ディスク」のようなものですが、私たちが言っている「アカシック・レコード盤」のようなものがあります。このアカシック・レコードのなかに、やはり、「個人編」があるんです。細《こま》かく言えば、それぞれの人について、あることはあるのですが、ある程度、使命のあるような人の場合、過去からずっとあります。また、現時点から視える未来の映像まで、実は記録はあるんです。「五年後、十年後、二十年後に、こういうことに遭遇《そうぐう》する」というか、事件や人、仕事など、そういった像をきちんと上映できるんですよ。〝未来上映〟までできるんですね。

斎藤　はあ、未来上映ですか、うーん！

●アカシック・レコード　人類の歴史や未来図等が記された実在界（霊界）の記録。如来界以上の存在のみが閲覧を許されている。「アーカーシャーの記録」とも呼ばれる。『黄金の法』（幸福の科学出版刊）参照。

大川隆法　ただ、ここは複雑なんです。未来の出来事が視えるんですが、やはり必ず、何か「条件」がかかっているんですね。ですから、それに対して何か「一つの条件」を加えたときに、人生が変わることがあるんです。そうすると、未来の映像が変わってくることはあります。

それぞれ、〝運命の糸〟風に、どういう人に出会うとか、どういう仕事に就《つ》くとか、どんな使命があるとか、例えば、「この人は、十年後はメキシコで伝道している」とか、そのようなものが映像としては映るんですよ。

これは不思議でしょうが、アカシック・レコードというのは、かなり細かく精密に、いろいろなものが入っているんですね。

斎藤　（惑星連合系の宇宙人は）「そこにつながって、ある程度、コントロールする力を持っている」ということですね。

大川隆法　（本リーディングを撮影している当会の職員を指して）例えば、あのあたりでカメラで撮っている人たちなども、以前はそういう仕事をしていたかもしれませんね。

「ルターが受けた落雷《らくらい》」は宇宙人の介入《かいにゅう》によるものだった

竜の口　幸福の科学学園生でしたら、やはり、これから宇宙時代の主役になっていったり、今までの人類のなかでは、エル・カンターレ文明の担《にな》い手としてのエリートになっていったりすると思うのですけれども……。

大川隆法　うん、うん、うん。

竜の口　宇宙人としては、〝人事面談〟して目をつけた人については、「これから、その人の未来にかかわっていったり、「一緒《いっしょ》に仕事をしていったり」といったことを考えているとと思ってよいのでしょうか。

大川隆法　ええ。そうですし、ときどき、介入《かいにゅう》しなくてはいけないことがあるんです。その人を目覚めさせるために、つつかなくてはいけないですからね。

斎藤　介入してくるんですか。

大川隆法　ええ。いちおう、〝未来の予定表〟があることはあるので、「このあたりで、こういう介入が要《い》る」というか、何らかのかたちで姿を現すわけです。それこそ、金縛《かなしば》りを受けたり、「雷《かみなり》が鳴って何かが見えた」とか、そういった介入があるんですよ。

例えば、ルターのような人は、若いとき、夏に友達と道を歩いていたら、突如《とつじょ》、雷が木にダーンと落ちて、友達のほうは、そのショックで死んでしまって、自分のほうは生き残ったんです。

そのときに、ルターは必死になって、御利益《ごりやく》を下《くだ》さる女神様《めがみ》（聖アンナ）の名前を呼んで、「どうか、出家《しゅっけ》して修道士《しゅうどうし》になりますからお許しください。お助けください」というように祈《いの》ったんですよね。そのあと、彼は修道士になっています。

例えば、特徴《とくちょう》的な例としては、ああいったものがあります。まあ、必ずしも雷とは限りませんけれどもね。

目覚めのときには、霊人《れいじん》と宇宙人がコラボで介入《かいにゅう》することもある

斎藤　あるいは、（『黄金の法』〔幸福の科学出版刊〕では）「ルターはミカエルを視た」という感じでしたけれども……。

大川隆法　そう、そう。

斎藤　例えばの話ですが、あれは、実は、「宇宙人の介入《かいにゅう》の可能性があった」ということですね？

大川隆法　うーん……、まあ、〝コラボ（協調）〟もありますから。

斎藤　あっ、コラボですか。「宇宙」と「霊界《れいかい》」との……。

大川隆法　雷を落としたりするのであれば、ＵＦＯにとっては訳がないことなんです。

斎藤　ああ、なるほど。

大川隆法　そういう「電気ショック」「電流のようなものを流す」というのはね。電気系統をいじるのは非常に強いので、例えば、止《と》めたり動かしたり、何かショックを与《あた》えたり、あるいは、場合によっては、記憶を消すことも可能ではあるんです。

ですから、ああいったものは、霊界だけではなく両方で、〝コラボ〟でやっている場合もあるわけです。そのように、人生には、ときどき、つつかなくてはいけないときがあるんですね。「目覚めなさい」ということでしょう。

ですから、もし、映画「さらば青春、されど青春。」のときにも宇宙人が来ていたとしたら、使命のある人たちに、「適当な時期が来たら、あなたがたにも〝イイシラセ〟を与えることはあるかもしれないよ」と言っているんだと思います。

つまり、「この世的な救済の仕事もあるかもしれないけれども、宇宙にかかわる人もいるだろう」ということですかね。

「宇宙連合」は、さまざまなグループに分かれて見ている

綾織　「惑星連合がやっている」というお話でしたけれども、私たちの知っている名前でいくと、特に、どういうグループの人たちが、そういった仕事をやっている状態なのでしょうか。

大川隆法　いや、けっこう分かれているんです。各国ありますからね。国が分かれているのもあるし、もちろん、政治のほうを見ているところもあるし、軍事のところを見ている者もあります。

それから、地球環境《かんきょう》を見ているグループもあるし、宇宙への進出事業等をウォッチしている連中もいるんです。あるいは、「震災《しんさい》等の災害が、どのように起きて、どうなるか」というようなことを見ている人たちもいるし、いろいろなかたちで分担しています。

綾織　それぞれが分担しているんですね？

大川隆法　うーん。「教育は教育で、どうなっているか」とか、あるいは、「独裁者が出てくる国が、どのようになっていくか」ということなどは、たいへん貴重な記録なので、北朝鮮やアメリカなどもずっと見ているし、ロシアも見ているし、ジャンルはいろいろ違うけれども、〝綾織さんのコピー〟のような人が、たくさん、あちこちにいるわけですよね（笑）。

綾織　（笑）

大川隆法　このグレイについては、そういう感じです。

斎藤　はい。

ケース2　女子中学生が集団で息苦しくなり脚《あし》が震《ふる》えた

ほかの生徒や教員にも同じ現象が起きる

大川隆法　では、ほかの事例を視《み》ましょうか。

斎藤　今年の五月に……。

大川隆法　「五月に、中学生が過呼吸気味《ぎみ》で息苦しくなり、脚《あし》が震《ふる》えた」？

斎藤　はい。女子生徒です。

大川隆法　（竜の口に）その女子生徒は何人ぐらいいたのですか？

竜の口　五、六人です。

大川隆法　みんな、脚が震えたのですか。

竜の口　脚が極度に震える子は一人で、あとは体や手などが震えたりしました。

大川隆法　それは、何かしたあとだったのですか。

竜の口　いいえ、普通《ふつう》にしていたときです。例えば、私がみなさんの前で、お話をしたりしますと……。

大川隆法　そうしたら、震えるのですか。

竜の口　そうなってしまったり、話の途中《とちゅう》で出ていってしまったり……。

斎藤　「竜の口さんが原因」ということはないんですか。

大川隆法　感動したとか。

竜の口　いや、いや。感動ではないです。

大川隆法　（ファイルを見ながら）「脚が震える。『悪質宇宙人撃退祈願《げきたいきがん》』で治る」。

竜の口　私自身も脚が……。

大川隆法　「自分自身も、脚がガタガタ来始めた」。

竜の口　五月三十日です。

大川隆法　これは、まあ、何かだよね。

脚《あし》の震《ふる》えは同じ日に行われた「心霊《しんれい》現象リーディング②」と関係がある？

斎藤　五月三十日といえば、「心霊《しんれい》現象リーディング②」の収録の日でしたね。

大川隆法　あっ、そうか。

斎藤　はい（笑）（会場笑）。

大川隆法　（斎藤を指して）あなたの体がガタガタ来た……。

斎藤　いや、いや、いや！（会場笑）

大川隆法　そのリーディングの日、彼（斎藤）は、上半身はガクガク震《ふる》えたけど、脚《あし》が十分に震えていなかったので……。

竜の口　そう言われれば、私も同じ日でした（笑）。

大川隆法　今日は、（斎藤に）脚が震える現象が起きるかもしれないので、注目して見ておきたいと思いますが（笑）。

（竜の口を指して）では、「（脚が震えたのは）心霊現象リーディングの対象者で行くべきだ」ということだったのでしょうか。

斎藤　関連があるかもしれません。

大川隆法　（心霊現象リーディングに）「行きたい！　行きたい！」とかいうことが、もしかしたら、あったかもしれないですね（笑）。

竜の口・斎藤　（笑）

リーディングによって視《み》えてきた「現象を起こしたものの正体」

大川隆法　では、そちらのケースを視《み》てみましょうか。

「今年の五月、竜の口さんが女子生徒たちに話をしている間に、ある生徒の脚がすごく激しくガタガタと震え、ほかにも、体が震えたりするような生徒がいた。それに『悪質宇宙人撃退祈願』をかけたら、いちおう止まったけれども、五月三十日に、今度は、竜の口さんの脚がガタガタ震えて止まらなくなったという体験をした」ということです。

（両掌《りょうてのひら》を対象者にかざし、右手を時計回りに回しながら）この内容について、詳《しょう》細《さい》に分析《ぶんせき》したいと思います。

（約三十秒間の沈黙《ちんもく》）

うん。（右手を左右に小刻みに振《ふ》りながら、約十五秒間の沈黙）

女子生徒のほうは、うーん……。一部は、竜の口さんの話を聴《き》いていて、何らかの霊反応が起きていたことは事実のように思いますね。そうしたことは、あってもおかしくはないでしょう。

（右手を時計回りに回しながら）中心的に脚が激しく震えていた女子生徒については、どうかな。これは、何なのかな？

（約五秒間の沈黙）

大きさとしては、私の膝《ひざ》に届くかどうかぐらいでしょうか。先ほどの〝一つ目〟とは違《ちが》って、丸い眼鏡《めがね》が二つついているような目をしています。頭の上から毛が二本か三本か出ていて、高さは、（膝あたりを示して）このくらいかなあ。三、四十センチ……。

斎藤　三、四十センチですか。

大川隆法　ええ。三十センチか四十センチほどの、子供に近い……、いや、子供ではないですね、これは。そのくらいの大きさのものが視えます。手は二本、脚も二本あって、目は眼鏡風で、透明《とうめい》のクリアグラスがかかっているような目です。毛が二、三本生《は》えていて、頭はツルンとしています。それが、女子生徒の脚につかまっている感じです。

うーん……、でも、今、視えているものは、頭のてっぺんが禿《は》げていて、毛がたわしのように生えているので、河童《かっぱ》の姿に近く視せようとしているのではないかと思います。

河童が眼鏡をかけるかな？　まあ、全体には緑っぽい色ですが、お腹《なか》側のほうは灰色に近い感じで、脚もあるけれども、私には、「河童型に視せようとしている」と感じるので、うーん……、本当はどうでしょうか。

（右掌を対象者にかざしながら）あなたの正体を明らかにしたまえ。

あなたの正体を明らかにしたまえ。

何ですか。あなたは、いったい何なのですか。

何？　なぜ体をガタつかせた？　なぜ竜の口さんにも、もう一回、来た？　何だ？

（約十秒間の沈黙）

あっ、今度は、目が黒くなって、目の上の瞼《まぶた》がはっきりと、クルッとついている顔に変わってきましたね。さっきは眼鏡みたいだったのに……。

うーん、どうかな？　本当かな？

（約五秒間の沈黙）

こちらは、「那須《なす》の妖怪《ようかい》」を名乗っていますが（苦笑）。

斎藤　那須の妖怪？

大川隆法　先ほど話に出したからか、いちおう、「河童型妖怪」を名乗ってはいるけれども、うーん……。

（両掌を対象者にかざしながら）騙《だま》されないぞ！　待てよ。騙されないぞ。あそこの〝元ゴルフ場の池〟で食べていけるとは思えない（会場笑）。河童が生存できるとは思えないので。騙されないぞ。

何者なのだ？　答えなさい。

（約二十五秒間の沈黙）

……でも、やはり、何らかの、「ゴブリン●」のようなものですね。精霊《せいれい》と言えば

●ゴブリン　ヨーロッパの民間伝承などに登場する小人、小鬼、妖精のことで、いたずらや意地悪をするとされる。

精霊、妖怪と言えば妖怪なのですが、「ちょっといたずらするタイプのもの」ですね、たぶん。

斎藤　いたずら系のゴブリン型妖怪？

大川隆法　ひどい悪事をするというほどではないのですけれども。今、河童のふりをして視せていますが、本当は河童ではありませんね。那須の森に棲《す》んでいる、ヨーロッパで言えばゴブリンに当たるような、ある種の、人を驚《おど》かせたりするのが好きな存在です。

リーディング対象者の「法力《ほうりき》」に感応《かんのう》した〝ゴブリン〟

大川隆法　（右掌を対象者にかざしながら）もとは何か形があるのかな？　もとの形が何かあるのでしょうか。

（約五秒間の沈黙）

「こんな山のなかに住んでいたら、たまには〝襲《おそ》われ〟ますわ」と言っています（苦笑）。

あと、お世辞がうまいのかどうか分かりませんが、「竜の口さんの〝御法話《ごほうわ》〟があまりにありがたいので、一緒《いっしょ》に聴いていたら、感動で体が震え始めて、ほかの子供たちまで一緒に震え始めた」とのことです。〝ヨイショ半分〟だと思われますが。

竜の口　（笑）

大川隆法　言い逃《のが》れしている可能性はありますが、いちおう、興味を持って来ています。彼らにも、「勉強したい」というか、そういう気持ちもあるのでしょう。

確かに、お寺などは、なかなか建たないですからね。お寺とか神社とかがあれば、少しはそこで話を聴いたりしたいのだと思います。こういう山の妖精たちもね。

その代わりとして、竜の口さんの話を聴きに来てはいたのだけれども、霊的に反応してしまったようです。「わが身を忘れて反応してしまったために、みんながガタガタし始めたので、『あっ、しまった』と思ったんですけれども。そのあと、竜の口さんがすごく魅力《みりょく》的に見えて、『親しくなりたい』と思って、もう一回、接近しました」と言っています。

ずばり宇宙人ではなかったようですが、（膝のあたりを示して）このくらいの霊的存在ですね。

小さなものですが、よく言われる「小人」ではなくて、「ゴブリン」系の、いたずらをするタイプです。子供たちにいたずらをしたり、まあ、できるとしても、せいぜい悪夢などを見せる程度かと思います。

ただ、普通は、何か「霊的なエネルギー」が働いていないと、反応が表面化して出ることにはならないので、竜の口さんの「法力《ほうりき》」に感応《かんのう》してしまったようですね。

竜の口　（笑）

大川隆法　法力を持ったお寺の住職《じゅうしょく》さんに見つかったかのような〝あれ〟を受けてしまって、反応が出てしまったのでしょう。

そして、次には、竜の口さんに〝フォーリンラブ〟してしまったわけです（笑）。「『もうちょっと詳《くわ》しく知りたい』『お近づきになりたい』と思ってやって来たんだ」と言っています（会場笑）。

また、「その日は『心霊現象リーディング②』を収録した日だったので、（自分にも）『登場したい』という気持ちはあった」とのことです（会場笑）。

幸福の科学学園に興味を持っている山の精霊《せいれい》たち

竜の口　那須の山のなかには、そういったものがたくさんいて、ときどき、いたずらをしたりするのですね。「学園生と親しくなりたい」と思っているのでしょうか。

大川隆法　まあ、「美名を使えば、〝那須の守護神《しゅごしん》〟」と言っているけれども、ストレートには認めがたいですね（会場笑）。

まあ、山などへ行ったりすると、ときどき、人を迷わせたり、脅《おど》したり、怖《こわ》がらせたりするものがいろいろいますよね。山には、そういうことを楽しむ連中がいることはいて、ときどきやって来るわけですが、こうした、昔からいる、一種の精霊《せいれい》のようなものだろうと思います。那須の山にだって、たぶんいるでしょうね。

斎藤　精霊とか妖精とか、そういう存在がまだいるのですね。

大川隆法　そのあたりの、ちょっといたずらをするものです。

綾織　そういう存在は、学園生と一緒に勉強しているのでしょうか。

那須の森に棲むゴブリン型妖怪（精霊）の想像図。

大川隆法　やはり、「お坊《ぼう》さんとか、神主《かんぬし》さんとか、霊能者とかがいれば、自分たちも少し学習したい」という気持ちはあるようですよ。「世界の真実」とか、「自分たちの可能性」とか、「自分は何者で、どうすればよいのか」とか、彼らも道を求めてはいるようです。

（幸福の科学学園が）たまたま那須に来たために、〝アクセス権〟が出てきたわけです。

「生徒たちはどんな話を聴いているんだろう、といったことには関心はあるのだ」と言っていますね。

竜の口　では、子供たちにとっては、それほど怖がる必要はない存在なのでしょうか。

大川隆法　まあ、せいぜい「悪夢を見せる」ぐらいのことはあるかもしれませんね。

あるいは、びっくりさせたり、ビクつかせたりするのは、面白《おもしろ》いことは面白いので。それは子供の本能のなかにもありますよね。大人を脅かしたり、子供同士で脅かしたりするようなところがあるでしょう？　ああいう気持ちに近いですね。

例えば、十月には、あれがありますよね、カボチャで……。

斎藤　ハロウィンですね。

大川隆法　そう、そう。ハロウィンみたいな感じで、ちょっと脅かしたりして。遊んでいるつもりではあるのでしょうけれども、そういった感じの友達が欲《ほ》しい気持ちはあるようです。この手の精霊は、種類は幾《いく》つか存在すると思います。

逆に言えば、「今、学園生たちが、どの程度、法力のもとになるようなものを持っているか」「自分たちをパシッとはねのけるぐらいの力を持っていそうかどうか」「先生がたが、そういう力を持っているかどうか」を見てみたいとも思っているようです。

「困らせてやったぞ。どうだ、解決できるか?」という感じですかね。そういう感じに視えます。

山や海、湖、川などに棲《す》んでいる精霊《せいれい》たち

吉川　体を震えさせるのに、何か魔法《まほう》のようなものを使うのですか。それとも、揺《ゆ》さぶっているのでしょうか。

大川隆法　霊《れい》がかかってきて、体が感応すれば震えます、どこでも。

斎藤　「霊動《れいどう》」ですね。

大川隆法　(斎藤を指して) 先日、この人も震えていましたよね (会場笑)。

●先日、この人も震えて……　2018年5月30日収録「心霊現象リーディング②」参照。

斎藤　（苦笑）

大川隆法　ああいった感じになります。

霊的に感応しているので、多少は霊体質にはなっているのだろうと思いますが、いつもいつもそうだと、生活できないでしょう。

そういうものは、何かの機会に与《あた》えられるわけですが、「霊的な目覚め」につながる場合も多少あります。

どちらかといえば、生まれ変わるルートもそれほど簡単に確立されてはいないので、自然霊として山野《さんや》に棲《す》んでいるものでしょうが、たまに、人間に取り憑《つ》いて〝同居〟して、ちょっと人間的な感覚を味わってみたりはするのだろうと思います。

個人的にウロウロしているときに憑いたりして、そういう感じを味わったりするようです。

ただ、朝礼とか集合での祈願とか、そういうときに、いったん、みんな〝剝《は》がされ〟て、追い出されているみたいですね。「個人になったときが、いたずらとかをするチャンスだ」とは考えているようですが……。

まあ、蚊《か》に刺《さ》されるようなものだと思わなければ、しょうがないかな。

竜の口　（笑）

斎藤　いやあ、「精霊」というのは、幸福の科学のリーディングのなかでも、なかなか珍《めずら》しいケースです。

大川隆法　このあたりのような街中《まちなか》には、ほとんど棲んでいませんよ。

竜の口　私は幸福の科学学園の関西校のほうにも行きますが、「琵琶湖《びわこ》の精霊とかいったものも、同じようなかたちで、関西校の生徒たちに影響《えいきょう》を与えているのかな」と思いました。

大川隆法　もちろん、出てくるでしょうね。そうした存在もいると思います。

竜の口　関西校は山と湖が近いので。

大川隆法　あれだけの湖があれば、絶対にいるはずです。種類は少し違うものでしょうけれどもね。

精霊の種類はかなりいるだろうから、本当は、もう少し細《こま》かく視なければいけないのだと思いますが、都市型だと、それほど出くわしませんね。少し離《はな》れたところ、例えば、山や海、湖、川などへ行かないと、めったに会えないのですが、確かに、こういったものもいると思います。

ということで、この事件は、竜の口さんにある種の法力があることを示しているわけですね。

具体的に打つ手がない場合でも効く「想念の力」

大川隆法　宇宙人でも、妖怪でも、精霊でも、悪魔でも何でもよいのですが、寝《ね》ているときなどに襲われて、具体的に打つ手が特にないといった場合は、基本的に、「想念の力」がそうとう効きます。

心のなかに、イメージとしてハートのようなものを、例えば、ディズニーランドのエレクトリカルパレードみたいな、電気のハートのようなものを描《えが》いて、「エル・カンターレ、愛してます！」とか、「大好きです！」とか、こういったことを一生懸命《いっしょうけんめい》、念じていたら、いちおう取れるとは思います。

「想念の力」で打ち返せるんですよ。簡単にやるとすればね。

斎藤　ありがたい、イメージのアドバイスを頂きました。

大川隆法　〝お札《ふだ》〟がない場合もありますし、いつも持っているわけにもいかないでしょうから。

竜の口　霊障《れいしょう》になったり、憑依《ひょうい》されたりして、しゃべれない状態になった生徒に、「『エル・カンターレ』と、言葉に出して言いなさい！」と言って、本人が「エル・カンターレ」と言えると、収まっていきました。

大川隆法　そう、そう。「だから、みんなで『エル・カンターレ、ラブ！』と言いましょう」と（笑）。

斎藤　「ハート型のイメージ」を心に描くのですね。

大川隆法　エル・カンターレに、もう一言《ひとこと》付け加えると、力がさらに倍加します。不調和な悪いもの、例えば、「意地悪」とか「いたずら」とか、あるいは「危険なもの」とかに対して、それに同調しない思いを持てば、弾《はじ》くことになりますので。エル・カンターレに、あと一つ、何か動詞を付け加えてくれると、もう一段、効き目が高いのです。

「エル・カンターレ、嫌《きら》い」だと、どうにもなりません（笑）。これでは効き目がないので。

斎藤　「愛してる！」ですね。

大川隆法　ええ。そのように言ってください。特に、数人いる場合だったら、おそらく力が大きくなります。

斎藤　なるほど。「目に見えない世界での対応もある」ということですね。

大川隆法　そうです。これは宇宙人にも効きます。

斎藤　宇宙人にも!?

大川隆法　「悪霊《あくれい》」、「悪魔」、「妖怪」、「妖精」、このあたりは全部、効きます。

竜の口　「エル・カンターレ、ラブ！」で。

大川隆法　ええ、一通り効きます。宇宙人も想念の力を試《ため》しているから、「想念の力」がそうとう効くんです。向こうも持っているけれども、こちらも使えたら、カウンターを打てます。

斎藤　はあー！　確かに、向こうはモニタリングしているときに、こちらの心のなかの声も聞いていると……。

大川隆法　ですから、「うわあ！　これが来るか!?」という感じのが、突如《とつじょ》、ボンッと、あちらに出てくるんですね。

斎藤　向こうの映像に映ってしまうわけですね。

大川隆法　「エル・カンターレ、ラブ！」と言うと、ハート型がバーンッと飛んでくるので、向こうとしては、ジーッと映していたら、「うわっ！　うわっ！　何だ、これは！　〝ヤバい〟のではないだろうか」という感じでしょうかね。

斎藤　なるほど。向こうも危機を感じて。

大川隆法　そう、そう。そのようになって、ちゃんと伝わります。あちらも、ちょっとびっくりさせてやる必要がありますからね。

竜の口　悪霊でも、宇宙人でも、妖怪でも……。

大川隆法　何でも効きます。●生霊《いきりょう》でも効きますね。

竜の口　生霊でも、「エル・カンターレ、ラブ！」で。

大川隆法　ええ。それで効きます。

●生霊　一般には、生きている人間の霊魂が肉体を抜け出してさまよい、障りなどを起こす存在と考えられている。幸福の科学の霊査では、本人自身の強い念い（表面意識部分）と、本人の守護霊（潜在意識部分）とが合体したものとされる。

ケース3 ノック音がしたが誰《だれ》もいなかった

グレイが「インビジブル・モード」を使う理由

斎藤　もう一点、四年前に、「ノック音が聞こえたけれども誰《だれ》もいなくて、『宇宙人が来た』といった騒《さわ》ぎになった」という事件があったそうです。そのあと、「悪質宇宙人撃退祈願《げきたいきがん》」をかなりやって、収まったと。

竜の口　はい。

大川隆法　（資料を見ながら）「修行堂《しゅぎょうどう》の窓は閉まっているのに、風が吹《ふ》いて、カーテンが揺《ゆ》れて……」というのは？

斎藤　それはまた別の事件になります。

大川隆法　ああ、こちらは別ですか。事件が二つあるのですね。

竜の口　ノック音の事件は、受験の時期だったと思います。私の周りにいた高三生を落ち着かせなければと思って、祈願をしました。

大川隆法　「宇宙人が来た」という騒ぎになったわけですね。
（右掌《みぎてのひら》を対象者にかざしながら）では、四年前の事件については、どうでしょうか。
（約二十秒間の沈黙《ちんもく》）
グレイが視《み》えますね。

斎藤　グレイですか。

大川隆法　視えますね、本当に。

彼らも、姿を現す場合と現さない場合、つまり「インビジブル・モード（不可視状態）」もあるのです。姿が出てくる場合と、透明《とうめい》で見えない場合と両方あるわけですね。

ただ、その姿が視える人もいます。例えば、「霊視《れいし》」などができる人だと、「インビジブル・モード」を使っていても視えるので、分かってしまうこともあるんです。

宇宙人は、この世に出てきているときには「三次元モード」に変わっているので、カーテンを揺らしたりとか、ノック音とか、そうしたことは、いちおう起こせるようにはなっています。ただ、普通《ふつう》は、すぐには視えない「インビジブル」になっていることのほうが多いでしょうね。

なぜ、そうなっているかというと、映像などでご覧になったことも多いと思いますが、グレイは、アーモンド型の目をしていて、頭がツルンツルンで、手も脚《あし》も胴《どう》体《たい》も細く、百二十センチぐらいの子供のようなものなので、大人の腕力《わんりょく》でもってしたら、殺せるというか、へこませることはできるんです。

ですから、すごく臆病《おくびょう》で、見つからなければ活動を開始するのですが、見つかったら、すぐ逃《に》げる傾向《けいこう》を持っています。驚《おどろ》くと、猫《ねこ》のように逃げる習性を持っているんですね。だから、基本的に、見つからないように、忍者《にんじゃ》みたいな動き方をします。

実際、体が非常に華奢《きゃしゃ》にできていて、なぜ逃げるかといえば、あちらにも恐怖心《きょうふしん》があって、生存本能を持っているからです。例えば、綾織さんや斎藤さんのような人が出てきてつかまれて、格闘《かくとう》されると、首の骨ぐらいは簡単に折られて〝終わり〟になるので、いちおう逃げるんです、基本的にね。

あるいは、つくり方として、「あまり相手に危害を加えないようにつくられている面はある」とも言えます。

そうしたこともあって、よく夜中とかに狙《ねら》って来るわけですね。このとき（四年前の事件）は、いちおう、いたことはいたけれども、「インビジブル・モード」になっていたのではないかと思います。「悪質宇宙人撃退祈願」でやられたとのことですが、基本的には、それでよいかと思います。

確かに宇宙人が来たことは来たようですね。

竜の口　はい。

ケース４　窓が閉まっているのに、いきなり風が吹《ふ》いた

「ポルターガイスト」を起こせる幽霊《ゆうれい》の特徴《とくちょう》

大川隆法　では、その次に行きましょう。

斎藤　はい。これは、五年前の出来事です。

大川隆法　「五年前、那須《なす》精舎《しょうじゃ》の修行堂《しゅぎょうどう》に泊《と》まっているとき、窓が閉まっているのに、いきなり風が吹《ふ》いてカーテンが揺《ゆ》れた」ということです。

（幽霊《ゆうれい》と宇宙人の）どちらも、ありえそうな感じですね。

（両手の指を組み）これは何でしょうか？

（約十五秒間の沈黙《ちんもく》）

ああ、これは、那須の来世《らいせ》幸福園でお祀《まつ》りしている方というか、まあ、幽霊ですね。これは幽霊ですね。お祀りしているでしょう？

斎藤　はい。

大川隆法　そんなに驚《おどろ》くことはありませんよ。出てきて当然でしょう。まあ、たまには出てきますよ。

「窓が閉まっているのに、風が吹いてカーテンが揺れた」というのは、幽霊による物質化現象というか、「ポルターガイスト」にかなり近いものですが、それを起こせる人（霊）は、現実には百人に一人ぐらいいるんですよね。

総本山・那須精舎付属 来世幸福園（栃木県那須郡那須町）

斎藤　はああ。

大川隆法　百人に一人ぐらいは起こせます。念がすごく強い人の場合、起こせることがあるんです。

あるいは、「この世の人に、何かメッセージを送りたい」という強い念《おも》いを持っている霊の場合には、起きることがあります。

例えば、自分の家族とか親類とかが（お参りに）来ていなくて、伝えられないようなときに、ほかの人に対して、そうしたことを起こして、間接的に何かを知らせようとする感じはありますね。間接的に、玉突《たまつ》き的に、何かを悟《さと》らしめるわけです。

「こういうことがありました」と言うと、那須精舎で修行をしたり、導師《どうし》をしたりしている人たちが、「家族に会いたがっている霊や、法要《ほうよう》してもらいたがっている霊がいるんだな」と思って、何かしたくなってくるでしょう？　そうした感じだとは思います。

おそらく、近くにいた人か何かに関係のある霊か……、（資料を見て）近くにいたのは、あなた（竜の口）ですか？

竜の口　はい。幸福の科学学園へ行ってまもない時期だったので、私に何か言いたいことがあったのでしょうか。

大川隆法　あなたは有名だから、死んだ人が、「竜の口さんなら助けてくれるかもしれない」と思って来ることもありえますね。それが駄目《だめ》でも、「こんなことがあった」と、誰《だれ》かに伝えるでしょう？　そういう、救いを求めての現象かなと思います。

竜の口　では、来世幸福園に納骨されている方ということですね。

大川隆法　そう、そう、そう、そう。「もっとちゃんと供養《くよう》してくれ」とか、「家族が来ていないぞ」とか。

斎藤　何か知らせたかったのですね。

大川隆法　ええ。「家族が来ていないぞ」とか、「導師はちょっと怠《なま》けていないか」とか、いろいろ意見はあるのかと思いますけれども。

ポルターガイストなどを起こせる霊の場合、顔を知られている人などが来ると、挨拶《あいさつ》代わりに何かを起こすこともありえるでしょうね。

（竜の口に）あなたも大変ですね。そこにいる以上、いろいろな人が挨拶に来るので。那須の町長だけで終わりではなくて、ほかにも〝住人〟がたくさん存在するということですね。

いちおう、精舎で修行をしている人たちや、学園の生徒たちもたくさんいるので、亡《な》くなった方は寂《さみ》しくなくてよいのではないでしょうか。まあ、本当は、「孫が来ないなあ」とか、「娘《むすめ》や息子《むすこ》が来ないなあ」とか思ってはいるのかもしれませんが、ほかの子たちを見ることはできるので、少し心が安らぐところもあるとは思いますね。

「ポルターガイストが起こせるかどうか」については、条件にもよりますが。まあ、この程度はしかたがないですね。お寺でもどこでも起きることですし、伊勢神《いせじん》宮《ぐう》などでも起きることですので。

幽霊《ゆうれい》に対する「宗教者としての正しい対応」とは

竜の口　幸福の科学学園というよりは、来世幸福園のほうですか。

大川隆法　このケースは、どちらかといえば、その関係ですね。

だけど、竜の口さんが来たら、やはり、一回ぐらい見に来るのではないですか、普通《ふつう》は。

竜の口　（苦笑）

大川隆法　「私たち、いるよ！」といった感じで。それはあるでしょう。毎回だと、さすがに嫌《いや》がられますけれどもね。たまに、ご挨拶として、「来てくれて、ありがとう」「ちょっと働いてね」というような感じはあるかもしれません。斎藤さんなんかが行っても、やはり、（霊《れい》は）来ると思いますね。

斎藤　いや、いや、いや、とんでもないです（苦笑）。私は学生時代から竜の口さんの活動を拝見していますが、彼女は非常に念力《ねんりき》が強いタイプなんですね。

大川隆法　そうですね。

斎藤　前頭葉からバーンッとものすごく強い念力が出るんですけれども。

大川隆法　すごく強いですね。

斎藤　それについては、宇宙的な縁《えん》のようなものは、今のところ、特にないのでしょうか。

大川隆法　もしかしたら、「ユニコーン」のような過去世《かこぜ》もあるのかもしれませんね（笑）。

斎藤　ああ、（額《ひたい》を指して）ここからバーンッと。（隣《となり》の綾織を指して）まあ、この方も出ていますし、みなさん、いろいろ出ていますけれども。

大川隆法　出せる人だと思いますよ。念は出るタイプだと思いますね。まあ、あまり攻撃《こうげき》的でもいけないけれども、あまり優《やさ》しすぎても（霊が）寄ってくるので、そのへんの加減が難しいですね。

宗教者としては、あまり無慈悲《むじひ》であってはいけませんが、「みなさん、いくらでもやって来てください」と言ったら、本当に、夜中にいくらでも部屋に来てしまいます。

ですから、そこまでウェルカムしすぎてもいけないと思いますね。

竜の口　はい。

●この方も……　以前の宇宙人リーディングで、綾織の宇宙時代の過去世は、額の上に角が生えている「こぐま座の宇宙人」であったことが判明している。『こぐま座のタータム１星人』（宗教法人幸福の科学刊）参照。

大川隆法　「各々《おのおの》、自《みずか》らの修行を満行《まんぎょう》されよ！」というような感じで、修行僧《そう》としての、ピリッとした感じを持っているとよいと思います。

あまり柔《やわ》らかすぎると頼《たよ》ってくるので、いちおう、「あまり悪さはしてはいけない。あなたがたも修行しているのだ。修行していると考えなさい」というようなところでしょうか。

竜の口　はい。

遺骨は一つの縁《えん》であって、大事なのは魂《たましい》

大川隆法　それから、もし、幽霊《ゆうれい》が何か伝えたいことがあって、今回のように来たときには、次のように言うことです。

「私に言わなくてもよろしい。あなたは飛んで行けるから、自分の家に行きなさい。そして、お参りに来てほしいのなら、その人の夢枕《ゆめまくら》に立てば姿は現せる。だい

たい、二時間ぐらいの睡眠《すいみん》のうち、終わりの三十分あたりでレム睡眠になるので、そのときには、夢のなかに出て姿を見せられる可能性がある。そうやって何回か夢枕に立っていたら、お参りにも来るようになるので、来てもらったらいい」

このように言うことですね。

竜の口　はい。

大川隆法　ですから、実際、供養には効き目があるのです。ですが、やはり、何かそういう機会、チャンスがないと救われないので、法要の大祭などをするとか、供養の際に個人名で呼ばれるとか、あるいはご家族が来るなどといったことがあるとよいでしょう。

特に、霊になった人たちが気にしているのは、遺骨などを納めていることを、何か倉庫業のように遺族が思っているようなところです。骨そのものを管理してもらっているように考えている遺族などに対しては、みな、少しだけ不満があるのです。「骨が大事なのではない。骨は一つの縁《えん》であって、魂《たましい》のほうが大事なのだ。そちらのほうに言いたいことがあったり、満たされないものがあったりするので、そのあたりをしっかりと気づいてほしい」というようなことを遺《のこ》された者に教えたくて、何か現象を起こす場合はよくあります。

したがって、そのあたりは、少し間違《まちが》わないようにしなければなりません。幸福（納骨）壇《だん》などもありますけれども、骨自体が問題なのではなくて、それは一つの縁なのです。家族がそこに行く縁であり、また、導師たちが、その方をアイデンティファイ（特定）して成仏《じょうぶつ》させるための縁であって、決して、ペットの犬の骨と同じではありません。

やはり、そうした霊的なことを理解してもらう必要があるということです。

再び「ケース3」のグレイの目的を探《さぐ》る

宇宙人をも進化させる幸福の科学学園

綾織　すみません。一つだけお訊《き》きしたいのですが、先ほどのケース3のグレイの目的は、ケース1と同じように「観察」ですか。

大川隆法　あっ、グレイですね？　はい、では、四年前ですね。

竜の口　はい。四年前です。

綾織　ケース1の体験と同じような感じで、観察するために来た者でしょうか。

大川隆法　（両手を広げて、右手を小刻みに動かしながら、約十秒間の沈黙《ちんもく》）

これは確かに、黒曜石《こくようせき》のような、ややつり目の目がはっきりと視《み》えるし、グレイ型の形はしています。

何ですか？　話はできますか。（約五秒間の沈黙）

うーん。うーん……。これは、映画「ＵＦＯ学園の秘密」が上映されるよりも前のことでしたか？

竜の口　上映される前ですね。

大川隆法　前ぐらいですね。

「このときには、ちょっとまだ自分たちにも用心が足りなかった部分はあって、いつものように出てきたけれども、『幸福の科学学園は非常に霊的《れいてき》知識が豊富なため、用心しないといけない』ということになり、そのあと、少し気をつけるようにはなったのだ」と言っています。

普通《ふつう》だったら分からないようなものでも見破られるというか、分かってしまうことがあるので、この四年前の事件あたりから、彼らも、もう少しイノベーションをかけなければいけないと思い始めたようです。

斎藤　なるほど。学園が進化しすぎたために、「宇宙人をも進化させるような力があった」ということですね。

大川隆法　ええ。〝バレてしまう〟わけです。

斎藤　「見破った」ということですね。

大川隆法　ええ。「見破られたので、いろいろな変化形をつくらなければいけないことになった」そうです。

綾織　それで、先ほどのように、昆虫《こんちゅう》のようなものも出てきたのですね。

大川隆法　そのうち、〝カブトムシ型〟も出てくるかもしれませんね。

竜の口　ああ……。

斎藤　ですから、「宇宙人も進化させる幸福の科学学園」ということですね。この認識については、どうですか。

竜の口　そうですね。幸福の科学学園の生徒も、総裁先生の宇宙人リーディングや御法話《ごほうわ》などで学んでいますので。

大川隆法　そうなんですよ。ですから、「逆に、自分たちが被《ひ》検体、調べられる対象になったら困る」ということでしょうか。

斎藤　現実に、今、宇宙人のほうが調べられていますからね。

竜の口　そうですね。

那須《なす》は「スターゲート」の候補地

竜の口　幸福の科学学園を中心的に見ているというか、そういう中心的な星というものはあるのでしょうか。

大川隆法　幸福の科学学園を中心的に見ているものは……（笑）。そういうかたちで分かりますかね。学園を中心的に見ているものとなると、どのようになるでしょうか？

（両手を擦《こす》り合わせながら、約十秒間の沈黙）

いちおう、幸福の科学でもＵＦＯものをし始めましたけれども、「映画『ＵＦＯ学園の秘密』もつくってもらったし、（幸福の科学学園那須《なす》本校が建っているところは）山であるし、（映画では）『ナスカ学園』や『ナスカ・ユニバーシティ』など、いろいろ使ってくれたので、那須のほうは、リエント・アール・クラウド系がよく見てはいるのだ」と言っています。地球においては、あちら系が中心的なようです。

ＨＳＵのほうは、おそらく、トスが中心となってやっているのでしょうが、幸福の科学学園のほうは、ペルーのアンデスによく似ているので、いちおう、リエント・アール・クラウド系が見ているということです。「星がよく見えるところは同じなので、宇宙に関心を持つ人たちをつくりたいと思って、見てはいます」という

●リエント・アール・クラウド　約７千年前の古代インカの王。地球系霊団の至高神であるエル・カンターレの分身の一人であり、九次元存在。当時、宇宙人を神と崇めていたインカの人々に対し、「宇宙人は神ではない」と明言し、心の世界の神秘を説いた。『太陽の法』（幸福の科学出版刊）等参照。

ことでした。

リエント・アール・クラウドは、「スターゲートの鍵《かぎ》」を持っている一人なのです。

私の著書にも書いてあると思いますけれども、確かに、八次元の世界には大きなワームホールがあり、他の宇宙の銀河にバイパスを通して、ほかの銀河の〝銀座《ぎんざ》一丁目〟に出られる道があります。

ただ、この八次元の道を通るのは、いわゆる神々に当たる人たちであり、地球に来たら神になれるタイプの人たちが使っておられます。そういう〝VIP《ブイアイピー》〟が中心的に使っているところなのです。

そして、もう一つ、よく使われているものが五次元にもあり、ここは、一般庶民《いっぱんしょみん》向けの〝エコノミーコースのワームホール〟になっています。

ここからも、大量にいろいろな宇宙につながっているのですが、エコノミーなので、八次元ルートとは違《ちが》って、若干《じゃっかん》、負担感があり、ややしんどい部分はあります。

●トス　約１万２千年前、アトランティス文明の最盛期を築いた大導師。宗教家、政治家、哲学者、科学者、芸術家を一人で兼ね備えた超天才であり、「全智全能の主」と呼ばれた。古代エジプトでは智慧の神として知られている。地球神エル・カンターレの分身の一人。『太陽の法』（前掲）等参照。

それでも、五次元にもいちおう「スターゲート」があり、地球に入れるポイントが幾《いく》つかあるわけです。

そして、そのゲートの鍵を持っている一人が、このリエント・アール・クラウドなのです。（スターゲートは）ペルーのナスカ高原のほうにもあるのですが、日本で言えば、那須あたりもそれに当たるのかなと思い、今、穴を開《あ》けようかどうか試《ため》しているところなのです。

少し、ゲートを開けたり閉めたりはしているようですけれども、「オープン」にすると、（宇宙人が）大量に来られるようになります。

斎藤　はあぁ！

大川隆法　ポイントが幾つかあるんですよ。ナスカやバミューダ海域、エジプトのピラミッドの上空、神社仏閣《ぶっかく》、古代遺跡《いせき》等が多いようなところ、不思議な事件がたくさん起きるようなところあたりには、スターゲートという、星の世界に門を開くところがあるのです。

また、いちおう許認可はあるのですけれども、もう一つ、五次元レベルのスターゲートがあって、ここからだと、〝宇宙の一般庶民〟が地球に来ることができます。

斎藤　なるほど。

大川隆法　ただ、〝品質〟については多少ばらつきがあり、それほどずっと上質な人ばかりではありません。

斎藤　はあ……。

大川隆法　そのため、生徒の平均は、そう変わらないかもしれません。

ですから、「八次元の高次元のルートだけではない」ということです。

斎藤　これで、謎《なぞ》が解けました。今まで、そのルートから来る宇宙人たちは「八次元以上の宇宙人」ばかりだと思っていましたけれども。

大川隆法　そんなことはないですよ。

斎藤　「五次元のほうからの門があった」ということですね。

大川隆法　ええ。そこ（八次元）まで行けない人もたくさんいますからね。

斎藤　はい。スターゲートの存在が確認されました。そして、那須がその候補になっているということですね。

●今まで、そのルートから来る宇宙人たちは……　『宇宙人との対話』（幸福の科学出版刊）第3章参照。

大川隆法　では、はい（手を一回叩《たた》く）。

斎藤　はい。「宇宙人体験リーディング 不思議現象編」を終了《しゅうりょう》させていただきます。
竜の口さん、よかったですね。ありがとうございました。

竜の口　ありがとうございました！

第2章　宇宙人体験リーディング　新種発見編

二〇一八年六月二十九日　収録

東京都・幸福の科学総合本部にて

〔対象者〕

梅本莉帆《うめもとりほ》（幸福の科学布教誌《ふきょうし》編集局 兼《けん》 湾岸《わんがん》支部）

大滝政文《おおたきまさふみ》（幸福の科学布教誌編集局担当チーフ）

阪本洋子《さかもとようこ》（幸福の科学布教誌編集局担当チーフ）

〔質問者〕

斎藤哲秀《さいとうてっしゅう》（幸福の科学編集系統括《とうかつ》担当専務理事 兼 HSU未来創造学部
芸能・クリエーターコースソフト開発担当顧問《こもん》）

綾織次郎《あやおりじろう》（幸福の科学常務理事 兼 総合誌編集局長
兼「ザ・リバティ」編集長 兼 HSU講師）

吉川枝里《よしかわえり》（幸福の科学総合誌編集局副局長 兼「アー・ユー・ハッピー?」編集長）

［質問順。役職は収録時点のもの］

序　「宇宙人リーディング」の狙《ねら》い

実写ドラマやアニメ映画に使えるようなサンプルが欲《ほ》しい

大川隆法　よろしくお願いします。

質問者一同　よろしくお願いいたします。

大川隆法　今日（二〇一八年六月二十九日）は御生誕祭《ごせいたんさい》前なのですが、「宇宙人もの」といっても、一般書《いっぱんしょ》についてはもう読むものもないので、自分たちでこの「宇宙人体験リーディング　新種発見編」を行《おこな》って、調査を続けようと思います。

そのほうが、新種の宇宙人等、面白《おもしろ》いものが出てくるかもしれないので、よいの

●御生誕祭前なのですが……　2018年7月4日にさいたまスーパーアリーナにおいて、御生誕祭大講演会「宇宙時代の幕開け」を開催した。

●調査を続けようと……　2018年6月20日に「宇宙人体験リーディング 不思議現象編」ほかを行った。

ではないかと思っています。

外は三十三度ぐらいの暑さで、もはや、仕事ができる雰囲気《ふんいき》ではありません。また、昨晩は夜中にW杯サッカーを観《み》て、眠《ねむ》い人もたくさんいらっしゃることかと思います。（質問者の）綾織さんなどもその口でしょうが、（同じく質問者の）斎藤さんが〝変身〟したときの場合に備えて、座《すわ》っているのではないかと思います（会場笑）。

では、今日は、宇宙人体験をしたと思われる人を三人ほど用意してくださったようなので、順にやっていきましょうか。今、こうしたリーディングをできる人はほかにいませんので、ある程度、サンプルを採《と》り続けていきたいと思っています。

（質問者に向かって）あなたがたのほうから、合いの手や質問などを入れることによって、具体的に描写《びょうしゃ》ができるようなものにしていただいて、実写ドラマなり、アニメ映画なりをつくるときに使えるようなものでも出てくれれば、ありがたいかなと思います。

アニメーション映画「宇宙の法―黎明編《れいめいへん》―」にも、こういったかたちで録《と》った宇宙人リーディングの内容がそうとう使われています。ほかに参考になる資料は一切《いっさい》ありません。こうしたリーディングで語ったものが、そのまま使われて映像になっているので、幸福の科学のほかではありえないものだと思います。

そのようなわけで、こちらも、うまく描写する技術を身につけなくてはいけないかなとは思っています。

ケース1　触角《しょっかく》が生《は》える夢を見たあと、インプラントされた

出家《しゅっけ》前、宇宙人に「黒いスティック」を膝《ひざ》に入れられた？

大川隆法　（事前に募《ぼ》集《しゅう》した宇宙人体験情報のファイルを見ながら）では、最初の方は、梅本莉帆《うめもとりほ》さんですね。

斎藤　はい。布教誌《ふきょうし》編集局の「ヤング・ブッダ」（幸福の科学で発行している若者向け布教誌）の編集部員です。

二〇一六年に出家《しゅっけ》（幸福の科学の職員になること）されましたが、出家前の大学四年生のとき、二〇一五年八月に横浜正心館《よこはましょうしんかん》でインターンをしている際に起きた出来事ですね？

梅本　インターンは九月なので、その前です。

斎藤　前ですか。場所は、ご自宅ですか。

梅本　はい、そうです。

斎藤　（ファイルを見ながら）「家で寝《ね》ているときに、夢のなかで宇宙人らしい女性に遭遇《そうぐう》した。無機質な部屋で、長さが約五センチ、幅《はば》が約五ミリの黒いスティックを右膝《みぎひざ》に入れられた」

梅本　はい、右膝に。

斎藤　「インプラントの体験」ということで、「入れられたのは六角レンチのようなものだったと感じている」ということですね。

梅本　はい。

大川隆法　うーん……。

斎藤　（梅本に）それで、右膝に違和《いわ》感があり、痛みがあったんですか。

梅本　はい。日を追うごとに、徐々《じょじょ》に痛みが増していきました。

斎藤　見た目には「そこに傷がある」とか、特に、そういうことではないんですね。

梅本　それはないですね。〝違和感〟がずっとあって、だんだん、日を重ねていくごとにじわじわと痛みが増してくるという感じでした。

斎藤　その後、「悪質宇宙人撃退祈願《げきたいきがん》」を受けたら治ったんですね。

梅本　はい。そうです。

斎藤　それと、「黒いスティックを入れた宇宙人は、美しい指を持った方だったと記憶《きおく》している」と。

梅本　そうですね。顔は見えなかったんですけれども、黒いスティックを差し出されたときに、「人差し指と親指の部分がすごくきれいだったな」という印象がございます。

大川隆法　うーん……。

インプラント体験の前、額《ひたい》に触角《しょっかく》が三本生《は》えてくる夢を見た

斎藤　あと、このファイルには書いていないのですが、スティックを入れられる少し前に、自分に触角《しょっかく》が三本生《は》えてきた夢を見た？

梅本　はい。額《ひたい》に触角が生える夢を見ました（笑）。

大川隆法　触角が生えた？

梅本　はい。

大川隆法　ほおー。

梅本　夢のなかで、場所としては家の洗面台の鏡の前なんですが、そこに立っていて、前髪《まえがみ》を上げると、額の真ん中に……、『寄生獣《きせいじゅう》』というマンガ作品がありますが、ああいった、目が出た触角のようなものが一本、生えていたんですね。

大川隆法　うーん。

梅本　ただ、目がついていたのかどうかは覚えていないのですが、「変なものが生えたぞ」と思って、前髪を一回直して（笑）、「では、もう一回、見てみよう」と思って見たら、今度は、額の両脇《りょうわき》に、少し鋭《するど》い感じの細い触角のようなものが二本生えていまして……。

大川隆法　うん。

梅本　（夢のなかで）「これは大変なことになった」と思いました。

斎藤　（笑）ずいぶん冷静ですね。

梅本　そうですね。それで、前髪を下ろして、家族に「変なものが生えた！」と叫《さけ》んだら、起きたという感じで、「あっ、ない」と思って安心した記憶がございます（笑）。

大川隆法　（梅本に）何か、目を見ていると、宇宙人に見えてきました（会場笑）。

梅本　（笑）えっ、本当ですか。

大川隆法　うーん……、まあ、編集系は〝変な人〟を取り揃《そろ》えているので、次々とお役に立つ方が出てこられますけれども。

「深海の底から見た光るクラゲ」のように視《み》える円盤《えんばん》の裏側

大川隆法　では、調べてみましょう。三年ぐらい前になりますね。

梅本　二〇一五年の、ちょうど、映画「ＵＦＯ学園の秘密」の公開前の夏休みのときでした。

大川隆法　ああ、公開前ですか。では、向こう（宇宙人）もいろいろと、ちょっかいを出しているかもしれません。

では、「何かを膝に入れられた」ということと、「おでこあたりから、何かが生えてきている夢を見た」ということですね。

この梅本さんに、三年ほど前の夏に、何らかの宇宙人体験現象が起きましたか。どうでしょうか？

（瞑目《めいもく》し、両手を前後に大きく回転させながら、約二十秒間の沈黙《ちんもく》。両手を対象者にかざして、一回、小さく息を吐《は》く）

ほう。（右手をかざしながら、一回、大きく息を吐き、約十秒間の沈黙）

うーん……。もうすでに、私には、円盤《えんばん》の裏側が視《み》えているんですけれども、まるで、深海の底から、光るクラゲでも見ているかのような感じに視えるんですよ。少し、角度が斜《なな》めになっているんですが、そのような感じに視えますし、縁取《ふちど》りの部分は下から見ると、まるでシイタケか何かの外側のような感じにも視えています。

次に視《み》えてきたのは、「カミキリムシ」のような姿の宇宙人

大川隆法　さあ、三年前、この方に起きた現象についての説明を求めます。

（瞑目し、両手をかざしながら、約十秒間の沈黙）まず、右膝に異常体験があったようですが、これは、いったい何が起きたんでしょうか。

（約十秒間の沈黙）

今、視《み》えてきているものは、うーん？　何と表現しましょう。目は赤いんです。目は二つですが、明らかに「赤い」ですね。「赤い点」のような目があって、すごい触角がありますが、そうですねえ……。似ているものとしたら、カミキリムシ？

斎藤　カミキリムシ。ふーん……。

大川隆法　カミキリムシですが、昆虫《こんちゅう》のような感じで横たわっていて、赤い目でこちらを見ています。

触角があって、手脚《てあし》は六本ですね。そういうものが、今、視えてきています。目は、はっきりと「赤い」です。

あと、触角の部分は、「黒」と「白」とがまだらになっているような色をしています。手も脚も同様で、黒と白のまだらです。顔の部分は少し「茶色」ですが、体のほうは、いわゆる〝ごま塩ルック〟にかなり近いように視えます。

地球で見れば昆虫型ですが、大きさはまだちょっと分かりかねます。

これ、大きさはどのくらいあるんですか?

（約十五秒間の沈黙）

うーん……、八十センチぐらいか。

斎藤　えっ。八十センチのサイズ、大きさですか。

大川隆法　長さは八十センチぐらいですね。

高さは、六本脚で立ったら、三十センチ……、二、三十センチぐらいの感じです。

赤い目だけが非常に特徴的《とくちょう》で、あとは触角がすごくはっきり出ているのが視えますね。これが、今、私のほうに向いています。

足の先が光っている新種の宇宙人は「何星人」？

大川隆法　さあ、あなたは、どういう目的で、どういうことをしようとして、この人に接近したんでしょうか。あるいは、この人との関係性はいったいどういうところにあるんでしょうか。教えてください。

（瞑目し、左手をかざしながら、約十秒間の沈黙）

これは、あまり関係はないんですが、六本の脚のそれぞれの先のところ、馬だったら蹄《ひづめ》があるような足の先のところが、全部、蛍光塗料《けいこうとりょう》のような、何か、東京ドームで振《ふ》るペンライトのようなね。ああいう蛍光性のある光を、足の先が持っていますね。蛍光塗料のように光っています。蛍光の光を出しています。

こういうものは初めて見ました。何者でしょうか。教えてください。あなたはいったい何者ですか。何のために来たのでしょうか。

（約十五秒間の沈黙）

ちょっと、これは私には覚えがありませんが、インダルシア……、「インダルシア星人」と言っているんですが。

斎藤　インダルシア星人？

大川隆法　聞いたことがないですね。初めてです。

斎藤　新種ですね。

大川隆法　「インダルシア星人」と言っているように聞こえます。「インダルシア星人」と言っています。

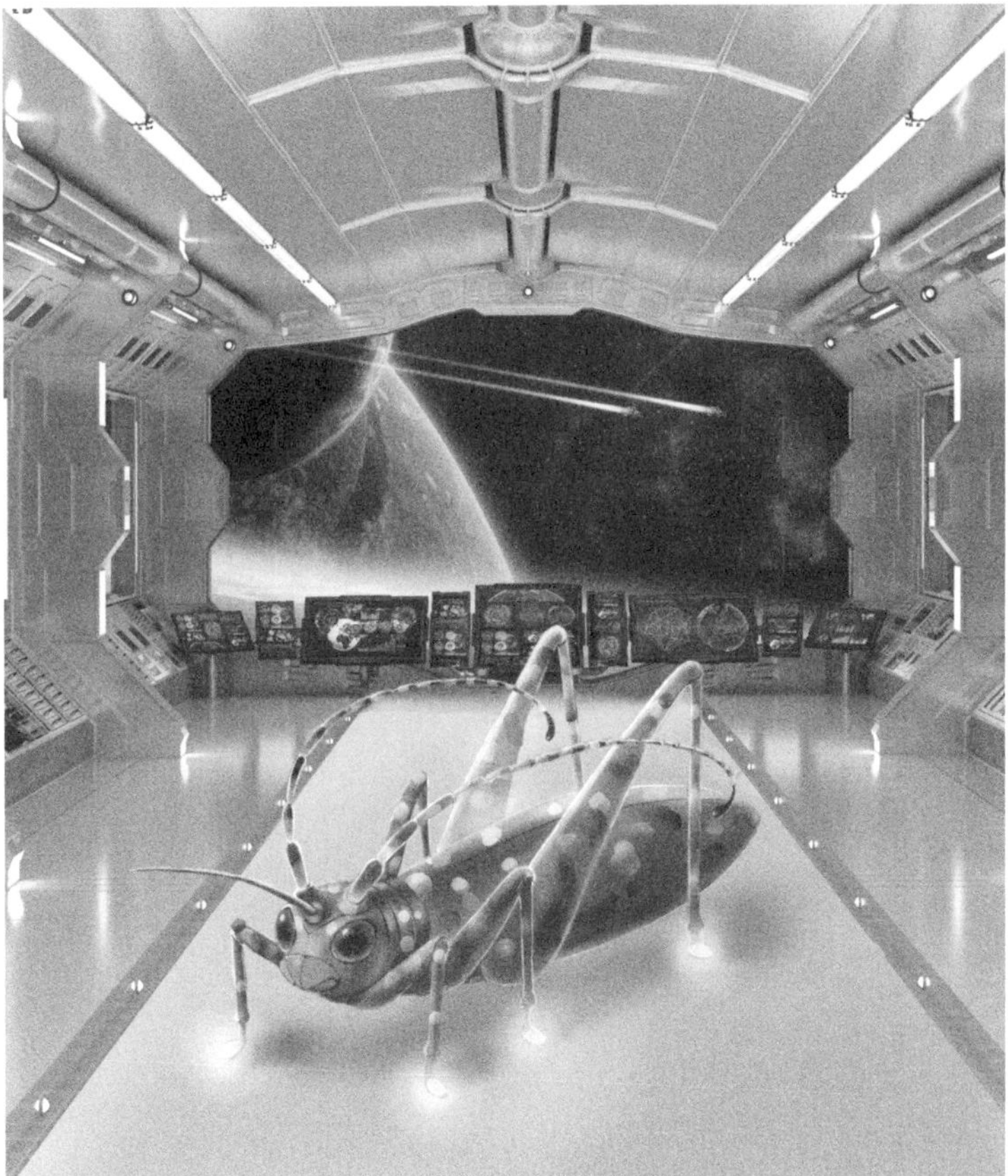

インダルシア星人の想像図。

マイノリティーだが、対象者本人も「同じ星の仲間」だった

大川隆法　インダルシア星人というのは、どう説明されますか。インダルシア星人とは何者ですか。何か、ウンモ星人の親戚《しんせき》のような感じもすることはするんですけれども。何者ですか。教えてください。

（瞑目し、左手をかざしながら、約五秒間の沈黙）

あっ、「本人もそうなんだ」と言っていますね。

斎藤　えっ！

梅本　そうですか（笑）。

斎藤　（梅本を指して）この方は、インダルシア星人なんですか。

●ウンモ星人　地球から約14.5光年の距離にあるウンモ星からやってきた宇宙人。「ユミット」とも呼ばれる。ハチによく似た姿をしており、8本の手脚と翅を持つ。地球には多いときで100人、少ないときで10人くらいが来ているという少数派。訪問先の星の言語を熱心に学ぶため、語学に強い傾向があるという。

大川隆法　うん。「本人も、もともとそうなんだ」と言っています。来たのはその宇宙人ですが、「本人も、もともとそうなんだ」と言っていますね。

斎藤　はあ……。「もとの星の仲間」と。

大川隆法　「インダルシア星人」という、マイノリティー（少数派）ですね。

斎藤　マイノリティーですね。

大川隆法　もう、発見率はかなり低いでしょう。めったに会ったことはないというか、一度も会ったことはありません。インダルシア星人ですね。どこから来ましたか。どこから出ているんですか。

あっ、仲間なんですね？　仲間ということですね？　ああ、「そうだ、そうだ」と言っています。

宇宙人が対象者の「右膝《みぎひざ》」に何かを埋《う》め込《こ》んだ理由を探《さぐ》る

大川隆法　彼女は、右膝《みぎひざ》に〝挿《さ》し込《こ》み〟があって、何か埋《う》め込まれたようなことを言っているんですが、こういったことは、頭や耳の後ろ、鼻のなかなどはよく言われます。しかし、膝というのは初めて聞いたんですが、何か理由があるのでしょうか。

インダルシア星人にとって、それは何か意味があるのでしょうか。

（瞑目し、右手をかざしながら、約五秒間の沈黙）

うん？　「前脚というのは、ものすごく大事な……」。

前脚は手ではないですか。これは膝だから、前脚ではありませんよ。前脚ではありませんが……。

（約五秒間の沈黙）

これは、跳《と》び方はカマドウマのような跳び方をするんですね。

斎藤　カマドウマですか。

大川隆法　うん。「ピョーン、ピョーン」というような跳び方をするんですね。ですから、これは、重力の弱いところだったら、おそらく、ものすごい距離《きょり》を跳ぶでしょうね。重力の弱い月のようなところだったら、おそらく、一蹴《ひとけ》り三十メートルくらい跳ぶのではないでしょうか。

斎藤　三十メートルですか。

大川隆法　そのくらいのジャンプ力がありますね。

斎藤　はああ。三十メートル。

大川隆法　地球では、それほど跳べないと思いますけれども。おそらく、重力がそれほどない星、弱い星から来ていると思いますね。ジャンプ力がすごくあるのを感じます。

それで、何？　この挿し込みは、いったい何なのですか。

（約五秒間の沈黙）

「補強をした。補強に来た」

何のため？　何のために補強に来たんですか。

（約五秒間の沈黙）

「ジャンプ力を失うと、命を失う危険がある」

斎藤　（笑）

大川隆法　ということは、「狙《ねら》われることがある」ということでしょうか。ジャンプ力がすごく大事なんだそうです。

「ですから、ときどき、補強は要《い》るんです。この人は、就職前でジャンプ力が必要だった」（笑）

何？　どういうことですか。思想的な用語のところを、現実のジャンプ力と一緒《いっしょ》にしないでいただきたいんですけれども（会場笑）。

それは違《ちが》うでしょう。膝に補強を入れたからといって、「この人の人生にジャンプ力がつく」ということはないと思うんですが。何かの間違いではないですか。もう少し説明をお願いします。

（約五秒間の沈黙）

でも、確かに、「ジャンプ力が要るんだ」と言っています。

地球には、インダルシア星人を襲《おそ》う恐《おそ》れのある「天敵」がいる

大川隆法　それで？　なぜ来たんですか。何をしに来たんですか。

（瞑目し、右手をかざしながら、約十秒間の沈黙）

ああ、そこは、以前に一回、何かに襲《おそ》われているらしいですね。（梅本に）あなたは知らないかもしれませんが、何か天敵がいるんですね。何か、このインダルシア星人には天敵がいるらしいんです。「襲われたことがある」と言っています。

その天敵は……。

（約五秒間の沈黙）

極《きわ》めて犬に似たものですね。極めて犬に似た形態のものですが、「ジャンプし損《そこ》ねたら噛《か》まれる」というか、何かそういうことがあるようです。

綾織　その犬も宇宙人なんですか？

大川隆法　いや、この犬、宇宙人なのかな。この犬は宇宙人なんですか。どうなんですか。

（約五秒間の沈黙）

ああ、地球で現象化したときには襲われる恐《おそ》れがあるんだそうです。

斎藤・綾織　はあ……。

大川隆法　犬の場合は、こちらが「インビジブル・モード」でいても、存在しているのに気がつくことがあるので、のんびりしていると、やられることがあるんだそうです。

「ですから、ジャンプ力がないと、インビジブルなので大丈夫《だいじょうぶ》だと思って地上を機《き》嫌《げん》よく這《は》っていると、いきなりガブッとやられることがあるんだ」と言っています。

綾織　うーん……。なるほど。

対象者のなかには「インダルシア星人の魂《たましい》」が入っている

大川隆法　（梅本を指して）実は、この人も外見は地球人だけれども、本質的には違うので、夜中になると魂《たましい》が体から抜《ぬ》け出して、宇宙人の姿になって徘徊《はいかい》する癖《くせ》を持っているらしいんです。

斎藤　ええっ!?

梅本　ええっ……（笑）。

斎藤　それは、現世《げんせ》のことですか。今のことですか。

大川隆法　そうです。（梅本を指して）この人のなかに入っている魂は、人間の魂ではなくて、インダルシア星人の魂です。

その魂が出てきた場合は変化して、今視た、カミキリムシのような、カマドウマのような姿になって、やはり、夜、徘徊する癖はあります。

ですから、気をつけないと、犬などにやられるケースがあるようです。

綾織　なるほど。

大川隆法　確かに、大きさが八十センチ。二、三十センチの高さで、長さ八十センチぐらいだと、ちょうど手ごろな……。

斎藤　犬の獲物《えもの》としては、非常に……。

大川隆法　うん、うん。ちょうど、襲いがいはあるでしょうね。犬というのは、人間には見えないものが見えるんだそうです。見えたり、匂《にお》いがしたり……。

斎藤　ああ、「匂い」で。

大川隆法　聴覚《ちょうかく》、嗅覚《きゅうかく》、それと、何か人間には見えないレンジ（範囲《はんい》）の波長《はちょう》のものが見えるらしいんです。人間には見えない姿なのに、犬には、白黒だけれども見えるらしいんですね。

　ですから、彼女が地上に物質化して出てくる場合には、犬は非常に危険な動物で、以前に一回、噛まれたことがあるらしいんです。

場所によっては、羊やヤギに襲《おそ》われることもある？

梅本　犬もちょっと苦手《にがて》なんですが……（会場笑）。それよりも、もっと〝天敵〟としているものがいまして、それが「ヤギ」と「羊」なんです。

大川隆法　「ヤギ」と「羊」（笑）。

梅本　ごめんなさい。本当に、存在が〝無理〟でして（会場笑）。

大川隆法　ヤギ、羊が嫌《きら》い？

梅本　鳴き声も無理ですし、写真や絵本の絵など、姿も含《ふく》め、もう全部、〝無理〟なんです。

大川隆法　うーん……。

斎藤　小さいころから無理だったんですか。

梅本　もう、物心《ものごころ》ついたときから無理でした。

大川隆法　ヤギや羊は（インダルシア星人を）食べるのかなあ。

梅本　アルパカとか、そういう、ふわふわした系統のものも無理なんですが、何かあるのでしょうか。

大川隆法　ほお。彼らは、もしかしたら食べることができるのかな。うーん……。

斎藤　食べてしまうんでしょうか。

大川隆法　四つ足で、わりあい蹄《ひづめ》が強いタイプですね。角《つの》も少しあったりするのかな。

場所によっては、犬ではなくて、そういうものがいる場合もあるでしょうね、南米や、そういったところに出れば。そういう動物が、けっこう〝危険〟な動物なんですね。なるほど。地上は、這っているときが危ないわけですね。

斎藤　そうですね。

大川隆法　「這っている」と言うと、何か〝ゴキブリ〟のように言って申し訳ないんですが。

斎藤　（笑）

頭の両側にある二本の触角《しょっかく》は、超音波《ちょうおんぱ》を送受できるアンテナ

大川隆法　（梅本に）ああ、やはり、あなた触角《しょっかく》は生えていますよ。何か触角のようなものを持っていますね。先ほど、「（夢のなかで）鏡を見たら触角が出てきていた」と言っていましたが、実際、自分に触角がありますよ。

梅本　そうですか（笑）。

大川隆法　うん。じっくり視ると、赤い目が二つあるんですが、確かに、触角が頭の真ん中から出ているものと、両側から出ているものがあります。
また、両側から出ているものの先に、目玉ではないのですが、うーん、そうだね

え……、これは何か、感じ取る器官だと思います。何か、感じ取るものですね。

斎藤　ああ……。やはり、夢のなかの体験は合っていたんですね。

梅本　合っていたわけですね。

斎藤　この人の能力の特徴としては、「絶対音感」を持っていますので。

大川隆法　「絶対音感」！　はあ……。

斎藤　はい。生まれつき、そういう能力を持っているらしく、「一回聴《き》いた音楽はすべて記憶し、作曲能力も高い」とのことです。

大川隆法　ああ……。

斎藤　ちょっと、進路が間違っているのかどうか分かりませんが（笑）（会場笑）。

梅本　（笑）そうですね。

斎藤　そういう、触角の力があるのでしょうか。分かりませんけれども。

大川隆法　アンテナと言えば、アンテナでしょう。これは、超音波《ちょうおんぱ》まで聴き取れるんでしょうか。

斎藤　ああ、音波を聴き取る……。

大川隆法　「出せる」のと「聴き取れる」のと、両方できるような感じですね。

斎藤　「出せる力」もあるんですね。

大川隆法　おそらく、これは、コウモリのように、何か超音波のようなものを出しているんだと思うんですよ。

それで、その超音波が何かに当たって、跳《は》ね返ってくるのを感じながら、「危険がないかどうか」をいつも測っているものが二本あります。

頭の真ん中にある触角《しょっかく》で刺《さ》されると、痺《しび》れて記憶《きおく》を失ってしまう

大川隆法　真ん中から出ている触角《しょっかく》には、目のようなものはあまりついていないんです。蚊《か》が刺《さ》すような感じの、先が尖《とが》っている触角ですね。

これは、おそらく、相手に麻酔《ますい》をかけるようなものではないかと思います。これ

に刺されると痺《しび》れて、しばらく〝斎藤さんがビリビリビリビリッとしている〟ような感じになるのではないでしょうか。
ですから、超音波のようなものを出して、反響《はんきょう》を見ながら、周りに危険なものがないか、いつも確かめていると同時に、その真ん中の触角で……。

斎藤　刺す？

大川隆法　うん。突撃《とつげき》した場合は、相手を刺せばしばらく痺れるのと、もう一つは、エイリアン・アブダクションではありませんが、この触角で刺されると、痺れている間に記憶《きおく》を失うんです。「何に会ったかを忘れてしまう」という特性があるんですね。
それは、もし見られたら、そのときにやります。同じ部屋で寝る人は気をつけたほうがよいと思います（会場笑）。やられる可能性がありますね。

斎藤　（笑）はい。

大川隆法　おそらく、脚には、何かジャンピング力を補強しようとしたものがあったと思います。

インダルシア星人は、地球で「昆虫《こんちゅう》」の大本《おおもと》になった宇宙人

大川隆法　では、もう少し、何か質問があれば訊《き》きます。

綾織　彼女がインダルシア星から地球に送り込まれた目的といったものは、何かあるのでしょうか。

大川隆法　送り込まれた目的のようなものは、何かございますでしょうか。

（瞑目し、両手をかざしながら、約十五秒間の沈黙）

「地球に昆虫類《こんちゅうるい》がたくさんいるけれども、どちらかというと、これの元祖《がんそ》のようなものの一つではあります。ですから、宇宙人として来た者だけれども、昆虫のほうへと分化していったものの元祖の一つなんです」と言っています。

ただ、けっこう、食べられる傾向《けいこう》、捕食《ほしょく》される傾向はあるので、捕食されないようにするために、いろいろと努力は要ったようです。

翅《はね》が生えてくる者の場合は空を飛ぶこともできますが、空を飛んでも、鳥類やほかのものもいて捕食されるし、地上を這っている場合は、地上を駆《か》け回ったり食べたりするような、お腹《なか》を空《す》かした動物だったら、ある程度大きいものは狙ってくる可能性があるわけです。

「そうした昆虫の大本《おおもと》になった宇宙人です」と言っています。分化した昆虫は一つではないですね。一種類ではないのですが、この形から分化していったものがたくさんあったようです。

究極の愛は、最強のエネルギーである血液を抜《ぬ》いてやること？

綾織　昔に来て、ずっと存在しているのでしょうか。

大川隆法　地球に住んでいる長さは、どのくらいですか。

「いや、自分自身は、それほど昔ではないんですが、ご先祖は……」

（瞑目し、右手をかざしながら、約五秒間の沈黙）

「ご先祖は、地球がかなり緑化して緑が増えたころには、もう来始めていると思います」と言っていますね。

梅本　アルファ様の時代には、いましたでしょうか。

大川隆法　「アルファ様の血は一回ぐらい吸ってみたいと、いつも思っていました」

●アルファ　地球系霊団の至高神であるエル・カンターレの本体意識の一つ。３億３千万年前、地球の文明実験の過程で、他の惑星から飛来した宇宙種の人類と地球系の人類との間で対立が起きたため、両者を一つの教えの下《もと》にまとめるべく、地上に降臨し、「地球的真理」を説いた。『アルファの法』（宗教法人幸福の科学刊）等参照。

梅本　ええっ……。

大川隆法　「やはり、私たちの愛の印《しるし》は、相手の血を吸うこと」……、えっ!?　これは、〝ドラキュラ〟ではないですか（会場笑）。

斎藤　ええっ!?　そんな……。（梅本に）ごめんなさい。

梅本　（苦笑）

斎藤　少し吸血性があるということですか。

大川隆法　吸血性がありますね。これは吸血性があります。なぜでしょうか？

「幸福の科学の教えは、愛を『与《あた》えること』と言っていますけれども、やはり、与えるより与えられるほうが幸福です」

梅本　（苦笑）（会場笑）

大川隆法　「究極の愛とは何でしょうか。自分が生きていくための最強のエネルギー源は血液です。その最強のエネルギーである血液を、相手から、愛する人から抜《ぬ》いてやることが、いちばんの愛なんです。そうした、血を吸ったときに、『愛されている』という感じがすごくして、力が体に満ち満ちてくる感じがしますし、エネルギー効率もいちばんいいんです」と言っています。

これでは、ほとんど、「蚊の先祖」ではないでしょうか。〝ドラキュラ〟の先祖というよりは、蚊の先祖ですね。愛する人を刺して血を吸うわけですから、怖《こわ》いですね。男性は気をつけたほうがよいでしょう。

斎藤　なるほど。「黒と白のまだら」の意味が……。

大川隆法　（斎藤に）あなたは白いから、吸いやすそうな……。

斎藤　そんな！（笑）（会場笑）

大川隆法　首のあたりとか、おいしそうに見えるのでは……。

斎藤　（梅本に）いつもお世話になって、ありがとうございます（会場笑）。

梅本　（苦笑）

大川隆法　吸血性があるようです。

「『愛は与えるもの』という定義には、一部、疑問がある」と言っていますね。

「やっぱり、愛は、もらうなかに喜びがあるんだ。

だいたい、女性というのは、基本的に吸血性を持っている。吸血性が女性の始まりなんだ。女性はいつも血が不足する傾向がある。毎月のものとか、子供ができたりとか、いろいろなときに血が不足するので、いつも血を求めているのが女性なんだ。

女性の本質はドラキュラで、男の首に噛みついて血を抜くっていうのは、まあ、基本、女性はそうなので。自分たちがいることによって、女性が女性らしくなったんだ。男から取れるだけ取る。吸うだけ吸う。これが本質であって……」とのことです。

インダルシア星出身の人に多い「職業」とは

斎藤　（苦笑）（吉川に）女性誌（「アー・ユー・ハッピー？」）の編集長から、質問はありますか。

吉川　インダルシア星人には、男女の別はないのですか。

大川隆法　自分で増殖《ぞうしょく》するようです。女性が卵を産んで増殖するらしくて、雄《おす》は要らない単性ですね。雄は要らなくて、その代わり、先ほど「嫌いだ」と言っていたけれども、のんびりしている動物あたりから血を吸うのは大好きみたいですね。もしかしたら、これは、ほかのところでは、UMA《ユーマ》（未確認生物）といわれているチュパカブラとか、ああいったものにも近いのかもしれません。のんびりしている動物あたりから血を抜くのはお好きみたいです。

あるいは、蚊や、ほかの昆虫もいるけれども、人間的に言うと、ドラキュラ的なものの先祖の可能性もあることはあります。そういう傾向性を持っていますね。

（斎藤に）編集にいると、やっぱり血を抜きたくなりますか。

●チュパカブラ　プエルトリコなどで目撃された未確認生物（UMA）のこと。鋭い牙を持ち、ヤギや牛などの家畜の血液をすべて吸い取ってしまうと言われている。「チュパカブラ」とは、スペイン語で「ヤギの血を吸う者」という意味。

斎藤　（笑）いえ！（梅本に）ねっ。努力していきましょう（会場笑）。

梅本　はい、頑張《がんば》ります（笑）。

大川隆法　犬が襲《おそ》うので、人間が警備の番犬を飼うとまずいのですね。やられることがあって、寄っていけなくなります。インダルシア星人に夜中に寄ってこられて、血を吸っていかれたら困る場合は、犬などを飼っていると護《まも》れるわけですね。なるほど。

あっ、何だか、ちょっと悪い〝あれ〟になってしまったかもしれませんが。

斎藤　いえ。

大川隆法　それで、いったい、どのへんからいらしているのですか？

（約五秒間の沈黙）

「そんなに悪く言われる謂《いわ》れはないのであって、〝ハチ（ウンモ星人）〟がよくて、私たちが悪いってことはありえない。ハチも刺すでしょう？」

斎藤　なるほど。ハチは刺します。

大川隆法　「まあ、（ハチは）蜜《みつ》を集めるところは、ちょっと生産性があるかもしれないけれども。私たちは、蜜は集めないけれども、自分たちでエネルギーを調達しているのであって、『実に進化した生き物だ』と自分たちでは思っている。透明性《とうめい》もあれば、相手の記憶さえ消せるし、血が余っているところからは、ちゃんと抜いてあげる。だから、自分の仲間たちが人間に生まれている場合は、看護師なんかになって、血液検査とかをよくしているのがいっぱいいる」と言っています。

斎藤　医療《いりょう》系なんですね。

大川隆法　「血を抜いたりするのは好きなので、ああいうことを仕事としてやっているところが多いです」とのことです。

「本来、女性しかいないんだけれども、男性として生まれることもあって、その場合は、自動車の整備をやったり、給油したり、ああいう感じの仕事がわりあい好きなんです」と言っています。

斎藤　エネルギーを扱《あつか》う仕事ですね。

大川隆法　珍《めずら》しいと言えば珍しいですね。

「へびつかい座から来た」と語るインダルシア星人

大川隆法　何か、ジャーナリスティックに質問がありましたら、どうぞ。

綾織　星座としては、どのあたりになるのでしょうか。

大川隆法　星座が分かるかなあ？　どうでしょうか。星座はどこか分かりますか。どの星座からお出《い》でですか。

（約三十五秒間の沈黙）

●「へびつかい座」というのが……。

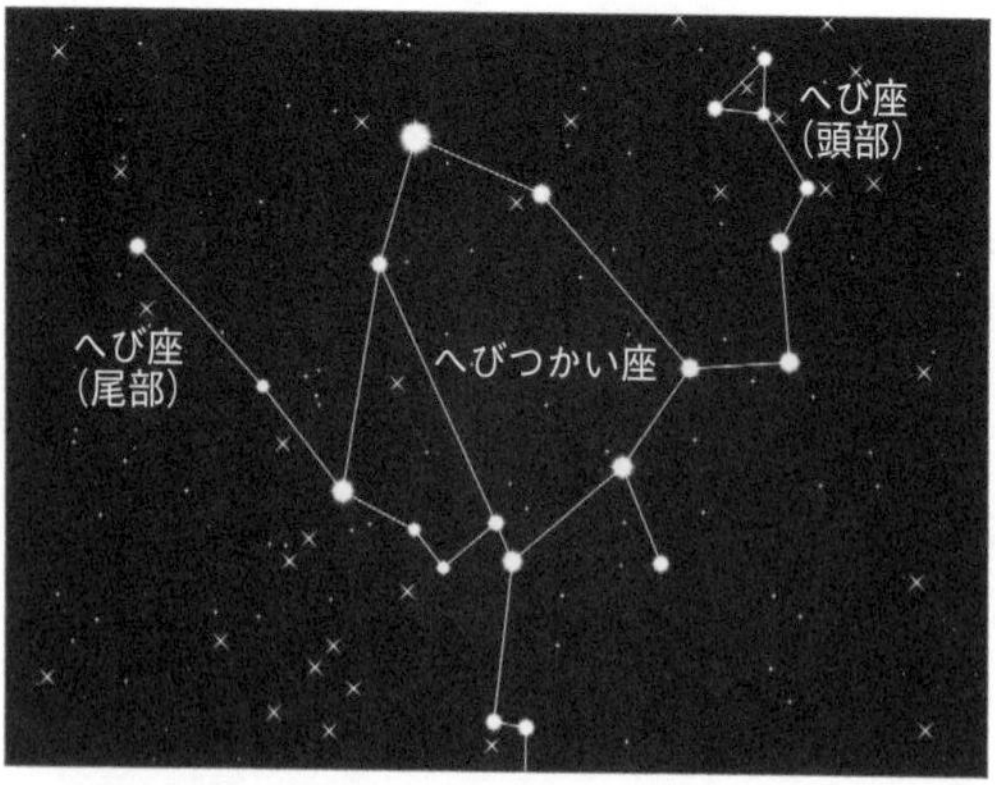

●へびつかい座　真夏の夜に南中する星座。星座のなかに、数万個以上の恒星が球状に密集する球状星団を多く含んでいる。ギリシャ神話の医神・アスクレピオスが両手にへび（へび座）をつかむ姿とされる。

斎藤　へびつかい座ですか。

大川隆法　ええ。それに当たるようなことを言っています。「へびつかい座から来た」という言い方をしていますね。

「へびつかい座」ですか。変な名前の星座があるんですね。へびつかい座というところから来ているらしい。

ただ、巨大《きょだい》な蚊というか、カマドウマというか、カミキリムシというか、そのようなお姿で、本当にＵＦＯを所有したりできるのでしょうか。ほかに誰《だれ》かいるのか……。

斎藤　高度な知能の発達が見られる種族ですね。

大川隆法　確かに、短縮しようとする気《け》は持っていますね。間接的に、食べ物を食べて、それを自分のなかでエネルギーに換《か》えようとは思わずに、エネルギーそのものを抜こうとするのを見れば、この世的に見れば、とても頭のよい、すばしっこい頭でしょう。

（斎藤に）あなたみたいに〝グジャグジャッ〟、〝グルグルッ〟としていないで、スパッと急所を刺して血を吸う。これは〝取材〟の根本《こんぽん》ですね。

斎藤　（笑）彼女は取材が非常に上手で、素晴《すば》らしい人材として、今、高い評価を受けております。

大川隆法　そうなのではないですか。ズバッと〝刺す〟のではないでしょうか。ということで、「お友達がメンテナンスに来ていらっしゃる」とのことでした。

（右掌《みぎてのひら》を対象者にかざしながら）人数は、どのくらいいるのでしょうか。地球に来ている仲間は、どのくらいいますか。

「さっき言ったように、看護師とか、（自動車の）整備とか給油とか、そういう系統のところにけっこういるので、数としてはある程度、存在はできるんだけれども、こういうところに来ていないだけです。ほかのところにはいます」とのことです。本質的には女性で、単性生殖で増える。

綾織　看護師になるとのことなので、愛の思いもちゃんとあるということですね。

大川隆法　そう、そう、そう。

「今日はいないけれども、里村さんみたいな人がいたら、愛ゆえに血を吸ってあげたくなる。二リットルぐらい吸ってあげると、この人は健康になるんじゃないかとか思う」というようなことを言ってはいますね（笑）。

まあ、可能性としてはあってもいいんでしょうか。

ハチの一刺しならぬ、何の一刺しだろう。何と言ったらよいのでしょうか。ともかく、赤い目で、触角が出ていて、体長八十センチぐらいで、手はあって……。何に似ていると言ったらよいのかな。

（斎藤に）今言ったもので絵は描《えが》けますか。

斎藤　大丈夫です。

大川隆法　大丈夫？

斎藤　はい。しっかり見えます。分かります。

大川隆法　最初に視えたのは、カミキリムシにいちばん近かったのですが、カミキリムシでも白黒まだらの、マダラカミキリのような感じのものに、いちばん似ていました。二つの赤い目がとても目立っていて、超音波も持っています。〝一刺し〟

ができて、麻酔もかけられます。

斎藤　本日の一人目は、「新種の発見」ということになりました。

梅本　ありがとうございました。

大川隆法　（梅本を見て）もう、目が宇宙人に見えて……（会場笑）。まあ、いいですよね。みなさん、楽しく存在できるということで。

斎藤　へびつかい座から来られました、インダルシア星人でした。新種発見です。ありがとうございました。

大川隆法　おめでとうございます（笑）。いや、「おめでとう」ではなかったですかね（苦笑）。

ケース２　金色《きんいろ》に光る宇宙人を見た

「金色に光る宇宙人」と「ビルの周囲を回るＵＦＯ」

斎藤　では、二人目は、布教誌《ふきょうし》編集局のカメラマンである大滝政文《おおたきまさふみ》さんです。

大川隆法　はい。お世話になっています。

斎藤　約六十年ほど前になりますが……。

大川隆法　六十年前!?　〝古代生物〟のような感じがしてきますね（会場笑）。

斎藤　「門の上を動いている金色《きんいろ》に光る人を目撃《もくげき》。屋根から屋根へ走っていったのを見て驚《おどろ》き、『宇宙人かもしれない』と思った」とのことです。

大川隆法　はい。

斎藤　もう一つは、社会人になってからの出来事で、「新宿《しんじゅく》方面のビルの周囲を、ＵＦＯと思われる円盤《えんばん》がグルグル回っていたのを目撃。その後、カメラ雑誌を見ていたら、プロカメラマンが同じＵＦＯを見たという記事が載《の》っているのを見て、『やはり本物だったのではないか』と思った」とのことです。

大滝　はい。

大川隆法　うーん。カメラマンなので、目はかなりよいでしょうね。おそらく、見《み》間違《まちが》えはほとんどないでしょうから、そうとう的確に捉《とら》えているのではないかと思います。

「子供のときには、お姉さんとその友人、四、五人と、自宅の窓から、金色に光る人が門の上を動いて、屋根から屋根へ走っていくのを見た」と。今であれば、これはＵＭＡ《ユーマ》か何かになりかねないような感じですね。

あと、「大人になってからは、新宿方面にＵＦＯ」と。まあ、これはよくあるだろうから、可能性はあります。

レントゲンの機械で見るように半透明《とうめい》状に視《み》える宇宙人

大川隆法　では、この人のも視《み》てみましょうか。大滝さんはカメラマンですので、目は確かなのではないかと思います。

（胸のあたりで両腕《りょううで》を交差させて）「子供のころに、金色に光る宇宙人らしきものを見た」と言っています。六十年近い昔だそうです。

（約二十五秒間の沈黙《ちんもく》）（大きく二回息を吐《は》く）

今、頭部が視えています。眼窩《がんか》というのでしょうか、目のあたりがすごく深く落ち窪《くぼ》んだ感じです。

うーん……。私の目には、レントゲンの機械で見ているような感じで、骨の形まで視えてくるんです。なぜ、レントゲンで見るように視えているのかは、まだ分からないのですが。

（右手を対象者にかざしながら）もう少し分かりやすく、お姿をお願いしたいと思います。分かりやすくお願いします。お姿を分かりやすく……。

うーん。頭は、〝あれ〟ですね。形は、後ろにせり上がっているタイプの頭です。後頭部が大きくて、せり上がっているタイプに視えます。

斎藤　ほう。炎型《ほのおがた》といった感じでしょうか。

大川隆法　ええ。後ろにせり上がっていますね。口は、それほど大きくはないけれども、ギザギザの怖《こわ》い感じのもので、けっこうちゃんと肉食ができる口ですね。頭は後ろにせり上がっています。

そして、目のあたりは、おそらく骸骨《がいこつ》にしたらすごく彫《ほ》りが深いというか、眼窩がえぐれているぐらいの深さがある目です。

眉《まゆ》というか、瞼《まぶた》の上のところはやや出っ張《ぱ》っていて、深目《ふかめ》というのかな？　深くえぐれている目で、そのなかにピンポン球《だま》ぐらいの大きさの目玉が入っています。

目の基調としては、網膜《もうまく》というのか、目玉の外側から見ると、やや充血《じゅうけつ》しているような感じで、オレンジから赤といった色です。

また、目玉の真ん中は、縦の瞳《ひとみ》ですね。

斎藤　縦の瞳？

大川隆法　これは、たまにありますね。楕円《だえん》とまでは行かなくて、もう少し細いのですが、縦の瞳が両方に入っていて、真ん中が黒くなっていますね。薄《うす》い楕円になっている縦の瞳の真ん中は黒くて、その周りは、猫《ねこ》の目のような、何と言うのかな、う－ん、虎色《とらいろ》というか。まあ、光沢《こうたく》のある虎目の宝石のような感じの色をしているんです。こうした目が二個あります。

頭は、後ろのほうにせり上がっていて、後ろが大きく、口は少し前に出ていて、歯はけっこう凶暴《きょうぼう》な感じのもので、そうとう強さがあると思われます。あとは首があって……。

う－ん。なぜ、レントゲンみたいに骨まで視えるのかが、私にはちょっと分からないのですが。なぜか分かりませんが、骨が視えるんです。脚《あし》の骨格まで視えるので。これは、どういうことかな？

これは、どういうことなのですか。

スケルトンになっていますね、今。

斎藤　スケルトンですか。

大川隆法　ええ。スケルトンになっています。骨は視えていて、ほかの部分が半透《とう》明《めい》状に近いです。

家の屋根みたいなものは視えているけれども、その上を走っている者の外側は、すべて視えているわけではなくて、今言ったように、スケルトンになっています。背骨が通っていて、あばら骨もあって、脚も、理科教室にある〝あれ〟みたいな骨が通っているんですよ。また、後頭部のほうが発達している骸骨に目が入っています。

これだけ視たら、骸骨が走っているようにしか視えませんね。それに半透明の肉がついているような者が、屋根の上を走っているといった感じに視えています。

「視《み》えたかあ。子供の目は怖《こわ》いなあ」

大川隆法　もうちょっとズームアップをお願いします。もっと違《ちが》う形がありえるのではないでしょうか。

（約五秒間の沈黙）

「視《み》えたかあ。視られると思わなかったんだが、視えたかあ。子供の目は怖《こわ》いなあ」

「子供の目には視えたのかあ」と言っているので、インビジブル・モードで来たつもりではいる者かと思いますね。

斎藤　はああ。

大川隆法　インビジブル・モードで来たつもりでいたのに、骨まで透明にしていなかったのかな（笑）。

「実は、体は透明にしたけれども、骨まで完璧《かんぺき》にできていなかったので走っていた。だけど、子供の目には、透明なはずの体が、金色に光っているように視えていたんだと思う。普通《ふつう》は、そういうふうには視られないんだけどな。なぜ視られたんだろう」という言い方をしています。

それで、あなたは何をしに来たの？

（約五秒間の沈黙）

「何をしに来たの、っていうことはないでしょう。夜に、しょっちゅう走り回ったりしてますよ。いっぱい来てはいるんです」とのことです。

「子供には、霊視《れいし》がきくのが多いので困るんだ。完全防備までしていないと視えることがあるので」と言っています。

本当の体は、どうだったのですか。

本当の体は、外側にぴっちりした、体に吸いつくようなスーツみたいなものをい

インビジブルモードの探査用宇宙人の想像図。

ちおう着ていますね。おそらく、これは彼らにとっての宇宙服、あるいは、〝地球服〟かな。

それで、本当は何をしに来たのですか。説明してください。本当は何をしに来たのですか。

（大滝に）これは、時間はいつごろでしたか。分からない？

大滝　夕方か、まだ明るいときだったと思います。

大川隆法　夕方ぐらいの感じですか。

大滝　はい。

大川隆法　門の上というか、家ですか。家の近く？

大滝　そうですね。家の前の道を隔《へだ》てた向こう側にある、大きな屋敷《やしき》の上あたりです。

大川隆法　夕方ですか。うーん。

何をしに来たの？

（約十五秒間の沈黙）

うーん、「選ばれし者」とか言っていますね。なぜ、「選ばれし者」が屋根の上を走っているのでしょうか。うーん、分からないな。

目的は何だったのですか。地球人もしくは地球の生物とは違うものですか。どうなんですか。

（約十五秒間の沈黙）

「目的は、自分たちが体を借りることができるような人間、ないし、生き物がいるかどうかっていうことを調査していたんだ」と言っていますが、うーん、それだけでは分かりかねるなあ。

「視《み》たほうが悪い」と反駁《はんばく》する宇宙人

大川隆法　（大滝に）一緒《いっしょ》に（その宇宙人を）視《み》た人のなかで、その後、怪《あや》しげな道に入った人はいますか。

大滝　姉の友達についてはわからないですけれども、姉は、まともというか、普通だと思います。

大川隆法　では、カメラマンになったこの人（大滝）自身に、何か用はありましたか。どうでしょうか。

（約五秒間の沈黙）

あっ、今、後頭部がスッと伸《の》びてくる感じが視えています。マンガみたいですけれども、後頭部が伸びて太い線だけといった、そうした体にも視えているのですけれども。

「この大滝さんという人は千里眼《せんりがん》を持っているんだ」と言っています。

斎藤　千里眼を持っている？

大川隆法　ええ。「昔、修行《しゅぎょう》して、千里眼の能力を開発している人なんだ」とのことです。

あなたとの関係が分からないのですが、どうなのでしょうか。

（約五秒間の沈黙）

「違う。私たちのほうには責任はなくて、視たほうの責任なんだ」と言っています。

斎藤　視たほうの責任？

大川隆法　「視たほうの責任で、目が千里眼しているほうが悪い」とのことです。

斎藤　「千里眼しているほうが悪い」、つまり、「私たち（宇宙人）を視たほうが悪い」と。

大川隆法　ええ。この人は、過去世《かこぜ》の修行により、千里眼を持っているらしくて、いろいろなものが視えるそうです。

「視たほうが悪いんだよ。私たちのほうには責任はない。私たちのような者は、しょっちゅう、あちこち、いろいろなところへ来ているのであって。千里眼もいいところで、レントゲンみたいに、骨の姿まで視るというのは、ちょっと度が過ぎているんじゃないか」というようなことを言って、反駁《はんばく》しています。

「門の上を動く金色《きんいろ》に光るもの」の体はどんな形をしていたのか

吉川　その宇宙人の体は、どういう感じになっているのでしょうか。

大川隆法　後頭部が長いということと、あとは手足もありますが、尻尾《しっぽ》もあるように視えるなあ。ちょっとした尻尾のようなものがある気がします。ただ、そんなに重いものではない。細くて、ちょっとした尻尾があるように視えます。

うーん……、いや、これだと……。（約十秒間の沈黙）

レプタリアン型エイリアンの基本スタイルに似ているのですが、ほかに似たものを挙げるならば、映画「スパイダーマン」に出てくる（親友の）お父さんで、スパイダーマンの敵になったグリーン・ゴブリンというものと、頭の形や外見などが多少似てはいますね。

「金色《きんいろ》に視えたのは、おそらく、本人のほうの目の能力なのではないかと思う。自分たちとしては、とても視えにくいモードで動いてはいたので。まあ、夕方ということで、そういうふうに視えたのかもしれないけれども、この人は千里眼で、過去世でだいぶ仙人《せんにん》修行みたいなことをやっている」ということです。

斎藤　これは、実はこの方（大滝）が撮影《さつえい》した写真なんですが……（光が写った写真のボードをかざす）。

二〇一六年十二月に、エル・カンターレ祭で御法話《ごほうわ》「真理への道」が説かれた日、大川隆法総裁先生が移動中の車中からＵＦＯを発見されたときと同じと思われるものです。

こちらは、あの日の幕張《まくはり》メッセの上空に現れた、時間とともに形を変えていくＵＦＯを撮影したものですよね？

大滝　はい、そうです。

斎藤　もともとは、この御法話の支援《しえん》霊はイエス様が務める予定だったと伺《うかが》っていますが、実際は、アルファ様に替《か》わったとのことでした。あのときに、総裁先生が車のなかからUFOを見たとおっしゃっていましたが、こちらは同じ日の講演会場上空に現れたものです。

大川隆法　（写真を見ながら）ああ、本当だ。

斎藤　はい。これは、「色」や「形」を変えています。

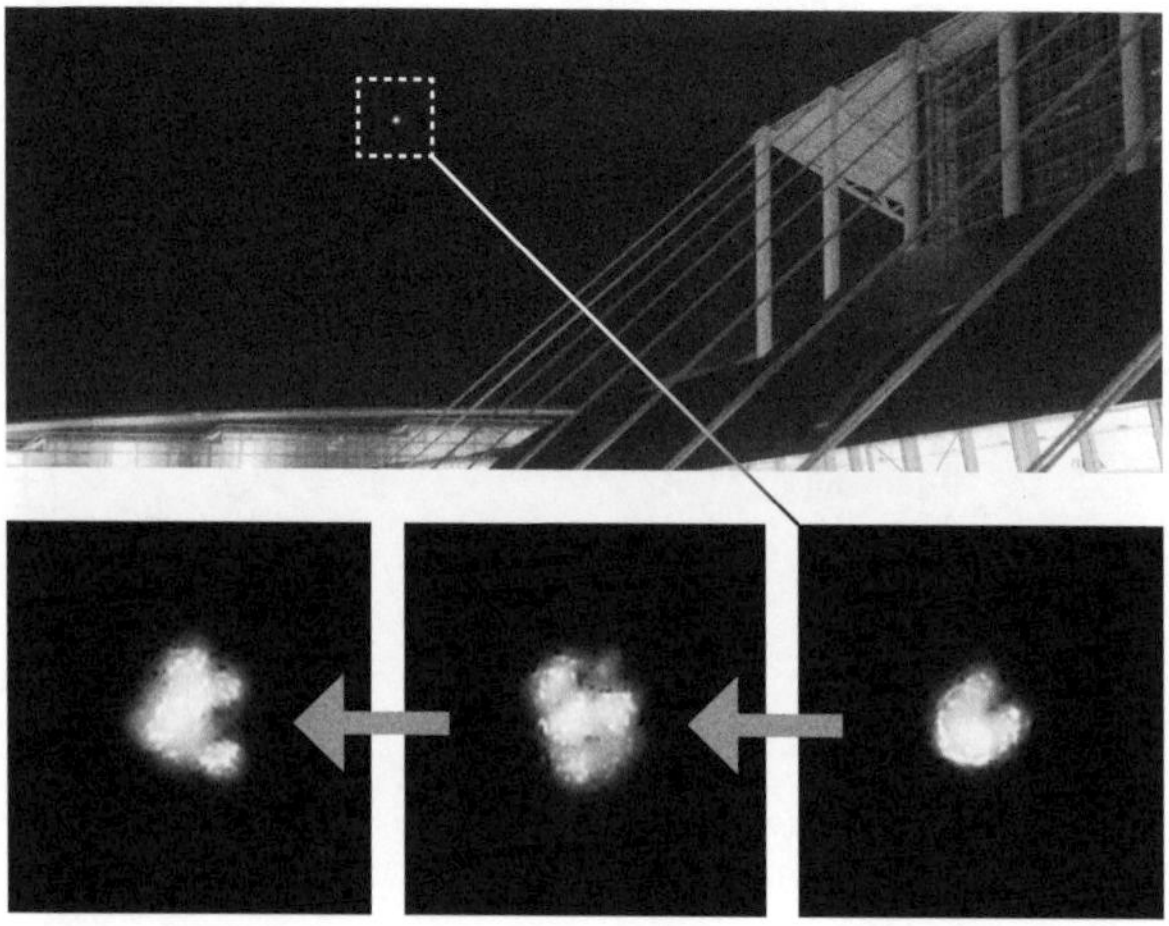

2016年12月7日、幕張メッセ上空に現れた、時間の経過とともに形を変えるUFO。

大滝　そうですね。金星のように明るく光っていたのですけれども……。

大川隆法　うーん、これは、明らかに星とは違うね。

大滝　ええ。カメラを絞《しぼ》って撮《と》ったら、こういう形に映っていました。

大川隆法　こんなふうに形が変わらなければいけないというのは不思議ですね。

斎藤　はい。今のリーディングを聴《き》いて、彼が「千里眼」ということを今世《こんぜ》でもカメラマンとして反映しているのかと思い、ご紹介《しょうかい》させていただきました。

大川隆法　ところで、これは結局、何が視えていたのでしょうか。

（約十秒間の沈黙）

ああ、やはり、やや「グレイの改良型」に近いものかな。グレイの改良型に近いものか、いわゆるレプタリアン型のエイリアン、う～ん、そのどちらかだと思いますが……。いや、ちょっと待って。

もう少し正確にお願いします。

（約十秒間の沈黙）

やっぱり「探査用」ですね。探査に来ていたんだと思う。

斎藤　探査用。

大川隆法　探査用ですね。探査に来ていた者です。

だから、インビジブル・モードのはずだったのに、「人間にはどうせ視えない」と思って中途半端《ちゅうとはんぱ》にしていたのを見破られたようです。

この人（大滝）も千里眼があるらしいので、それで引っ掛《か》かったみたいですね。一つ目はこのくらいしか分からないな。

一九七五年、新宿《しんじゅく》に飛来したＵＦＯ

大川隆法　では、続いて、もう一つのほうを視てみましょうか。社会人になってから、新宿《しんじゅく》方面のビルで見たということですね。これは、分かりますでしょうか。六十年前じゃないんでしょうけれども……。

大滝　私が見たのは、一九七五年の七月二十五日です。その後、同じ日の夜十時半ごろ、新宿にＵＦＯが現れたという記事が雑誌に載っているのを見たので、「やはり、ＵＦＯだったんだ」と思ったのですけれども。

大川隆法　一九七五年ということは、四十三年前の七月ですね。

一九七五年の七月ごろに、新宿方面でＵＦＯと思われる円盤が見えたのね？　そして、これは、ほかにも見た人がいるということですね？

では、一九七五年七月二十五日、新宿方面を飛んでいた者よ。その姿を視せなさい。

（右手を対象者に向けて大きく回しながら）一九七五年七月二十五日、新宿方面のビルのあたりを飛んでいて、ほかのカメラマンにも見られた者よ。その姿をお視せください。

（約十五秒間の沈黙）

私には、ハマグリみたいな二枚貝のような感じのＵＦＯが視えます。普通は、二枚貝の半分の上だけしかないのですが、下もあって、真ん中がハマグリを合わせたような感じになっているようなものが視えています。

（右手を大きく回しながら、約五秒間の沈黙）

うーん、まあ、コマのようにも視えなくはない……。そして……。

（右掌《みぎてのひら》を広げて振《ふ》るわせながら、約十秒間の沈黙）

やはり、後ろに母船《ぼせん》のようなものがいることはいます。母船みたいなものが視える。母船は、たぶん、肉眼では視えなかったと思われます。母船がいますね。たぶん、長さは百五十メートルぐらいかな。そのくらいの長さはあると思います。

斎藤　百五十メートル？　大きいですね。

大川隆法　そうですね。新幹線のように窓がたくさん付いているのが視えています。母船はいますね。母船があって、そこから円盤が出てきています。

一九七五年新宿、一九七五年新宿、一九七五年新宿、七月二十五日、七月二十五日……、うーん……。

これは夜も引き続き飛んでいますね。ただ、夜の場合は、裏にライトがついているのが視えています。

これは、わりにポピュラーな形に近く、周辺にパッパッパッパッパッと光っているライトがあって、真ん中あたりが全体に明るく見えるような、裏側はそういうふうに視えています。

新宿《しんじゅく》上空のＵＦＯが飛来した目的は？

大川隆法　あなたがたは何をしに来たのですか？　何のために来た？　何を見に来た？

（右掌を上に向けながら、約十五秒間の沈黙）

「このころは、そろそろ日本がＵＦＯ時代の幕開けをしようかという時期に当たる。アメリカには、すでに一九四七年あたりから、ものすごく大量のＵＦＯが出てきているけれども、日本はちょっと後《おく》れていて、一九七〇年代からだいぶ多くなってきた。そして、そのころがちょうどＵＦＯ時代の幕開けになる。

当時も、ＵＦＯはチラチラ見られてはいたと思うけれども、少しずつ露出《ろしゅつ》していたころなんだ」と言っています。

●一九四七年あたり……　1947年、世界で最も有名なUFO事件である「ロズウェル事件」が起きた。同年7月8日、ロズウェル陸軍飛行場（RAAF）が、「付近の牧場から空飛ぶ円盤を回収した」とリリース。その後、RAAFは「観測気球だ」と訂正したが、後年、「極秘裏に回収した」という証言が出て再注目された。

まあ、これは、幸福の科学が出てくる前の段階ですけれどもね。

「当時は、UFOがあちこちでチラチラと出てきているころで、日本ではまだ意識的にUFOを受け入れるところまで行ってはいないので、少しずつ露出して慣らしていく必要があった。アメリカのほうでは、すでにかなり研究が進んでいて、いろんなところで研究されていたけれども、日本ではそこまでは行っていなかったし、アメリカのUFO研究情報も、まだそんなに入ってきてはいなかった。

一九七〇年代は、日本にも少しはUFOが入ってきていたんだけど、テレビ番組等でたまに映像が流れるぐらいで、まだ〝走り〟に近いころだった。

そういう感じで、アメリカよりもちょっと後れているんだけど、七〇年代から、日本の公害問題や、あるいは、米ソ冷戦等の緊張《きんちょう》もあったりして、たくさん出てくるようになったんだ。

先の大戦で日本に原爆《げんばく》が落とされてから、UFOは数多く出るようにはなったんだけど、その後、一九六〇年代後半あたりからは、イスラエルと中東との核《かく》戦争が起きるかどうかを見ていた。そして、このころから、次は、米ソの核戦争が起きるかどうかをずっとウオッチしていたんだ」というようなことを言っていますね。

「自分たちは、そういう地球の変動期を捉えようとして観測に来ていた者である。幸福の科学が準備期に入ろうとしているのは、すでにキャッチはしていた。必要とあれば、そのうち、もっと姿を出さなきゃいけないと思ってはいたけれども、少しずつ少しずつ露出して、いろんな人に見られたり、写真を撮られたり、テレビに出たり、それから、今はインターネットの時代なので、いろいろな映像が流れることが増えてきてはいるけれども、いずれ、もっと大群で出てくる予定はあります。御生誕祭《ごせいたんさい》（二〇一八年の法話は「宇宙時代の幕開け」）もあると思うが、UFOの時代というのが、日本でも、ある程度当たり前に研究されるというか、みんなが調べたくなるようになってくれれば、もっともっと姿を現すつもりはあります。

でも、幸福の科学のおかげで、この宇宙の時代というか、新時代が、今、急速に浸透《しんとう》しつつあって、興味・関心はそうとう引いてきている。アメリカまではまだ行っていないけれども、追いつきつつある。政府機関が、まだ本格的な研究をしていないので、個人個人の民間のレベルでやってはいるけど、もう少し常識的に、こういう「宇宙人体験リーディング」のようなものが数多く出てきて、みんながもっと関心を持つようになれば、もうちょっと出ていきます。

以前、一回、横浜《よこはま》アリーナでもたくさんのＵＦＯが出たでしょう？　ああいう感じでこれから出る予定もあるんですけど、今、タイミングの計り方を考えている。脅《おど》かしてはいけないし、あまり脅威《きょうい》だと思わせてもいけないので。

だから、ＵＦＯは何度も出てくるけれども、

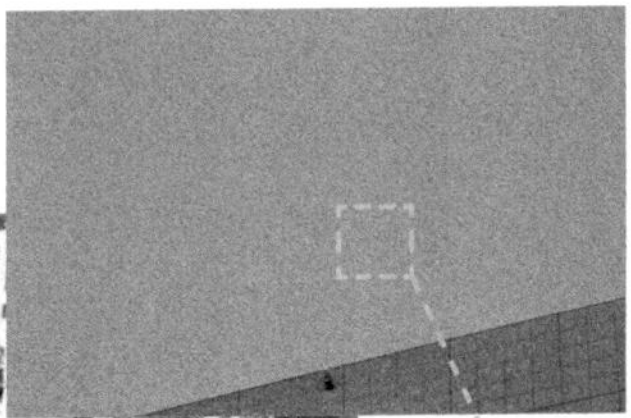

2010年12月4日、横浜アリーナで行われた大川隆法講演会「世界宗教入門―『地球人』へのパラダイムシフト―」の終了直後、会場上空にUFOフリート（艦隊）が出現。数千人が同時に目撃した。

まだ、特に脅威は起こしていないところを知っていただいて、宇宙のウオッチャーとして、地球人を見ている目があることを意識してほしいんだ」と言っていますね。

「地球人が核戦争を始めたり、あるいは、公害とかを出して地球を駄目《だめ》にしたり、そのようなことが起きないかどうかということを見ていた。

今だったら、朝鮮《ちょうせん》半島等で有事が起きないかどうかというのは、みんなずっと見ているので、ＵＦＯはたくさん飛び回ってはいますけれども、今後も、やはり、引き続きいろんなものを見ていくつもりです」ということです。

今、宇宙からの「抑止力《よくしりょく》」を入れることも考える時代に入っている

大川隆法　「まあ、他の星でも、核戦争のようなもので滅《ほろ》びているところはいっぱいあるので、そういうことを経験した結果、今は、『人類が地球を破壊《はかい》する可能性があるような場合には、どういう介入をするか』ということを考える時代に入っている。

今、宇宙からの抑止力《よくしりょく》というものも出てきているんだ。宇宙人として、勝手に地球を破壊させはしない。

地球というのは、多くの宇宙から来て生まれ変わって、人生体験を積んでいるところなので、今、生きている現代人のすべてが支配できているものではないんだ。だから、『あなたがただけのものではない』ということを知らせる必要があって、ちょっと、宇宙からのデモンストレーションをやっています。

日本はとてもとろくて、JAL《ジャル》・ANA《エーエヌエー》とも、UFO等はたくさん見ているけれども、何もテイク・アクション（行動）しないし、自衛隊も知ってはいるんだけど、どうせ言っても何もできないことをみんな知っているので諦《あきら》めている。スクランブルをかけようとしたら、猛《もう》速度で去っていったり、あるいは、レーダーからすぐ消えるので、どうせ言ったって無駄だというのをよく知っている。

『仮想敵国から来ているものならスクランブルしなければいけないけれども、UFOなら、どうせ言ったって無駄だ』というような感じの無気力感が自衛隊にはあって、みんな暗黙の了解《りょうかい》で、『あ、これは、あの筋《すじ》だからもういい』というような感じにはなっている。

だから、新宿《しんじゅく》のあたりを飛んでいても、捕捉《ほそく》される可能性はほぼゼロではあるんだ」ということを言っていますね。

「でも、そのころから、意識を変えようとして、ＵＦＯを現すことが増えてきた。そして、幸福の科学が始まって、二〇〇〇年代になってから、また増えてきている。二十世紀末も増えてきていたんだけど、二〇〇〇年代にもまた増えてきている」ということは言っています。

また、「今の戦争はかなり高度なものなので、介入はしてもいいことになっている。だから、チャンスがあれば、（地球に）介入する気はあるんだ」とも言っています。

斎藤　介入してもいいんですか。

大川隆法　そのようですね。

斎藤　えっ!?

大川隆法　「今の（地球の武器の）レベルだと、文明をそうとう崩壊《ほうかい》させるところまでの力がある。宇宙のほうから介入すると、そうした武器とかが全然使えなくなるレベルまでやれるので、無効化、無力化することができる。だから、そういうことをやる可能性はあるんだ」と言っています。

斎藤　では、二〇一八年現在、宇宙からの地球への介入は、やや〝許された〟ような状況《じょうきょう》になってきてしまっているのでしょうか。

大川隆法　「うん。まあ、北朝鮮のことが一つには〝あれ〟だったんだけど、ちょっと今、方向が変わろうとはしているので。それはいいとしても、次にまた、中国問題やインド・パキスタン問題、イラン・イスラエル問題など、まだまだ幾《いく》つか問題はあるので、これからは積極的に介入する気はある」と言っています。

斎藤　はあ！

「地球に滅《ほろ》びてほしくない」と思っている宇宙人

吉川　このUFOは、どの星からいらっしゃっているのでしょうか。

大川隆法　（約十秒間の沈黙）「自分たちは、地球に滅《ほろ》びてほしくないと思っている存在で、あなた（大滝）が視たのは、プレアデス系のものだ」と言っています。
「地球には、もう少し美しい星でいてほしいというか。公害汚染《おせん》するというか、戦争とかで汚染すること自体は、ビューティフルでなくなることなので、そういうものは、できるだけ抑止したいとは思っている」。

「地球人に生まれている者もいることはいて、そういう人たちを、できるだけ要職に就《つ》けたいと思って運動はしているんだけど、なかなか偉《えら》くなれなくて困っているんだ。地球人はけっこう獰猛《どうもう》につき、プレアデス系の人が来て生まれても、指導者にはなかなかなれないで困っている。

プレアデス系はみんな、利己主義で、自己中心的で、自己宣伝のＰＲに励《はげ》んでいて、地球のリーダーとしては、いまひとつ組織的に人がついてこない傾向《けいこう》が強い。個人性がすごく強いので、地球ではリーダーシップをなかなか取れずに困っている。自己陶酔《とうすい》ばかりしていて、それぞれリーダーシップが取れないでいる。

芸能系とかにもいたり、芸術系にもいるし、まあ、こんなカメラマンなんかにもいることはいるんだけど、残念ながら、地球では、まだ主流になれずにいるので、ちょっと困ってはいるんだ」ということです。

この方は、プレアデス系のようです。

斎藤　そうですか。

大川隆法　うん。だから、「美しさ」というのをすごく強調していますね。「美しさ」というのかな、それはもうちょっと残したいようです。これは宇宙の遺産《いさん》なので、地球を美しいままに残したいと願っている人たちなんだけれども、「地球人のなかでリーダーシップを取るのは、とても難しいんだ」ということのようです。

（大滝に）そういうことは感じますか。

大滝　そうですね。やはり、美に対しての憧《あこが》れというものはありますし、そういったものを追究していきたいという気持ちもあります。

大川隆法　美を追究している人たちは、なかなかリーダーになれないという感じもしますか。

大滝　（笑）そうですね。リーダーという念はあまり出さないというか、出せないというか……。

大川隆法　そんな感じですね。
だから、プレアデスは少し焦《あせ》っているようです。地球をもう少し違う方向に持っていきたいと思っているようなのですが、戦闘《せんとう》系の強い人たちもまだそうとう頑張《がんば》っているために、地球の歴史が、自分たちが思う方向ではないほうに引っ張られやすい傾向があるというか、美しくない方向に行きやすいので、ちょっと苦しい。
地球でメジャーにはなれないでいる感じかなあ。うーん、そうらしい。

斎藤　プレアデスの「新しい切り口」を学ばせていただきました。

大滝　そうですね。いろいろな価値観を学んでいきたいと思います。

斎藤　プレアデスの人も、美しい星として地球のことをさまざまに願ってくださっているわけですね。

大川隆法　もうちょっと美しい星にしたいらしいですから。そうしないと、写真などは、戦場カメラマンが撮るような悲惨《ひさん》なものばかりになってしまいますからね。

斎藤　今まで彼がプレアデスという感じがしなかったので（笑）、私は本当に驚きました。すみません（苦笑）。

大川隆法　ああ、それは失礼ですね。

斎藤　すみませんでした。

では、時間となりましたので、以上で二人目のリーディングを終わりにしたいと思います。

ケース3　就寝中《しゅうしん》、体に触手《しょくしゅ》が巻きついてきた

以前にも宇宙人体験をしていた対象者

斎藤　それでは三人目、布教誌《ふきょうし》編集局の阪本洋子《さかもとようこ》さんです。

二〇一七年に、寝《ね》ているときに金縛《かなしば》り体験をしたということですが、心霊《しんれい》現象と違《ちが》うのは、キュキュッという音が聞こえ、直径約十五センチメートルの見えない触《しょく》手《しゅ》が体に巻きつき、身動きを取れなくしている感じがしたということです。そして、「私はエル・カンターレと一体だ」と強く思ったら、胸からドーンと光が出て、触手は退散《たいさん》したが、まだその感覚を頰《ほお》にはっきりと感じているという報告です。

大川隆法　うーん……。

斎藤　本人から何か補足はありますか。

阪本　そうですね。この体験をする前日か、数日前に、夢のなかで霊界《れいかい》探訪をすることがございました。

そのなかで地獄《じごく》に行ったのですけれども、たくさんの不成仏霊《ふじょうぶつれい》に囲まれたときに、エル・カンターレに、「私は、あなた様の直弟子《じきでし》でございます。どうぞ、お助けください」とお願いすると、一キロほどにもなる光の柱がドーンと降りてきたのです。

それで、「エル・カンターレとは、いかに偉大《いだい》なるご存在であるか」ということを確信し、その次の日か数日後に、今回の体験をしたという次第《しだい》でございます。

大川隆法　縛り上げられたのですね。十五センチぐらいの目に見えない触手……。何か来ていたかどうか。阪本洋子さんか……。

前にも一度、「宇宙人体験リーディング」に出ている人ですね。

斎藤　そうです。二〇一五年九月二十五日に収録された●「宇宙人体験リーディング」で、就寝《しゅうしん》中に、（手元の資料を見せて）こういった、トキのような顔をした宇宙人に遭遇《そうぐう》した体験をリーディングしていただきました。

大川隆法　変わっていますね。

斎藤　（笑）それから、三つの宇宙卵《うちゅうらん》を体の上に落とし、そのうちの一つを体に宿して、現在もモニタリングされているという方です。

●宇宙人体験リーディング　『宇宙人体験リーディング―「富」「癒し」「幸せ」を運ぶ宇宙からの訪問者―』（幸福の科学出版刊）参照。（左）宇宙人体験者の阪本が、幸福の科学布教誌編集局で制作に携わった『特別版 宇宙人リーディング―多様なる宇宙人編―』（監修・大川隆法／宗教法人幸福の科学刊）。

大川隆法　（笑）みんな変わった方ばかりで……。

浮《う》かんできたのは「宇宙のＣＩＡ」という言葉

大川隆法　この人をグルグル巻きにした者よ。あなたは何者ですか。

（両手を対象者にかざし、腕《うで》を交差しては広げるという動作を繰《く》り返したあと、右掌《みぎてのひら》を対象者に向ける。約三十五秒間の沈黙《ちんもく》）

うーん。ほう……。私には、今何か、ワームホールのようなものが視《み》えてきています。すごいワームホールの光の奔流《ほんりゅう》のようなものが、こちらに向かってダーッと流れてきているのです。

うーん、何ですか。この人に起きている、こういう神秘体験は、いったい何なのでしょうか。

（両腕を胸の前で交差する。約十秒間の沈黙）

今は、極《きわ》めてロケットに似た宇宙船が視えるんですよ。形はロケットによく似ているのですが、このロケットの下の部分が、スカート風に広がっていて、そこにそれぞれ噴出口《ふんしゅつこう》が付いています。そのように、下がスカート状になっているロケットで、真ん中も出ていますね。

まあ、人間がつくれなくはない感じもする形ではあるのですが、そうしたものが飛んでいるのが視えています。

うーん、うーん……。

（右掌を上に向けながら、約十秒間の沈黙）

もう少しインフォメーションが欲《ほ》しいですね。もう少し分かるように、もう少し分かるように……。

（両腕を胸の前で交差する。約五秒間の沈黙）

何か「宇宙から来た」というよりも、そのロケット型のものが地球から飛び出していく感じの映像のほうが、よく視えてしかたがないのです。

地球の成層圏《せいそうけん》の外に出て、当会の御生誕祭《ごせいたんさい》などで流れる映像に出てきそうな、

「青い地球」が視えています。こちらから出ていくほうがよく視えるわけです。うーん、でも、これでは宇宙人の〝逆〟になってしまいますね。これは、どういうこと？　どういうこと？　どういうことですか。どういうことですか。この人は、いったい何なのですか。

（右手を一度大きく回したあと、両掌を対象者に向けながら、約十秒間の沈黙）

今、浮《う》かんでくる言葉は、「宇宙のＣＩＡ」というような言葉が浮かんできます。

斎藤　「宇宙のＣＩＡ」ですか。

大川隆法　ええ、ＣＩＡ。

斎藤　何でしょうか。宇宙のＣＩＡ……。

大川隆法　一生懸命《いっしょうけんめい》に地球から情報を集めてまとめたものを、地球外に伝えようとしている感じが、強くありますね。（右掌を上に向け、小刻みに動かしながら、約五秒間の沈黙）普通《ふつう》は、「宇宙から地球に来る」という感じでしょう。ところが、地球から外に出ていく感じのほうがすごく強いのです。

「代償《だいしょう》を払《はら》う覚悟《かくご》」がないと、姿は明かせない？

大川隆法　（約五秒間の沈黙）もう少し、もう少しどうですか。もう少し分かるように……。

（約十秒間の沈黙）

「私のことを知りたかったら、代償《だいしょう》を払《はら》う覚悟《かくご》が必要です」と言っています。「代償を払う覚悟が必要ですが」と言っていますね。

どういう意味でしょう。代償とは何でしょうか。お金ですか？

斎藤　何かの犠牲《ぎせい》が……。

大川隆法　お金なら、斎藤さんが幾《いく》らか持っているので……。

斎藤　（笑）いえいえ。ちょうど吉川さんがいます。

大川隆法　お金ではないものなら〝怖《こわ》い〟ですね。

斎藤　（吉川に）代償、犠牲をちょっと……。

吉川　いや（苦笑）。

大川隆法　代償とは何ですか。

「私の秘密を知りたかったら、代償が必要である」と言っていますね。

(両掌を上に向けながら、約五秒間の沈黙)

何か、〝二重スパイ〟のような言い方を……。

斎藤　二重スパイですか。これは新しい切り口で。

大川隆法　うーん、二重スパイのような存在らしく、宇宙から来て地球を偵察《ていさつ》しているようでありながら、宇宙人の情報を地球に抜《ぬ》いているようでもあって、両方のエージェントを兼《か》ねているような存在ですかね。ですから、リスクはあるわけです。

斎藤　ああ、両方に。

大川隆法　〝正体をばらす〟ことのリスクは持っているということです。

ですから、ほかの人は、宇宙人のほうから来て、いろいろとちょっかいを出されているのがほとんどですけれども、この人の場合は両方をしているのです。宇宙から地球を知るためのエージェントとしての役割も持っているけれども、実は、地球から宇宙人の情報を取るためのエージェントもしていて、「二重スパイ」、「二重国《こく》籍《せき》」なので、代償が要《い》るというわけです。

斎藤　なるほど。

大川隆法　何かは分かりません。身元保証か何かは分かりませんが、そのようなことを、今言っていますね。

その代償のところで担保《たんぽ》が入れば、もう少し明かしてもよい感じが……。

綾織　（対象者は）幸福の科学の人間ですので、護《まも》られることは間違いないと思います。

大川隆法　二重スパイでも？

綾織　はい。そうですね……（会場笑）（笑）。

大川隆法　護られますか？

斎藤　非常に〝強力な上司〟がついています。

大川隆法　強力な上司というのは……。

斎藤　大丈夫《だいじょうぶ》です。この人の上司として、●船井《ふない》局長がついています（会場笑）。

大川隆法　船井局長も調べられているほうではないですか（笑）。大丈夫ですか。

斎藤　（笑）

何重にもブロックをかけて、正体を明かそうとしない宇宙人

大川隆法　どうですか。もう少し明らかに、率直《そっちょく》に、自分自身を素《す》の状態にして、明らかにしてくれませんか。

あなたはどういう特徴《とくちょう》を持っていて、何をしに来て、今何をなさっているのか。人生の使命と目標は、いったいどういうところにあるのか。もう少し教えてくれませんか。

私は、別に宇宙人差別もしていないし、地球人が劣《おと》っているとも思っていないし、

●船井局長が……　以前の宇宙人リーディングで、幸福の科学の布教誌編集局で局長を務める船井久理子氏の宇宙時代の過去世は、マゼラン星雲にあるケンタウルスβ星のレプタリアンであることが判明している。『宇宙からのメッセージ』（幸福の科学出版刊）参照。

「宇宙も地球も一視同仁《いっしどうじん》に見よ」と言えば、見ることも可能です。どのように思っていますか。何が言いたいのですか。十五センチぐらいの幅《はば》のもので体を締《し》め上げたりするのは、いったい何ですか。いったい何を起こそうとしているのですか。教えてください。

（両手を巻くようにグルグルと回しながら、約十秒間の沈黙）

ああ。昔の風呂《ふろ》屋の煙突《えんとつ》のように、光の柱みたいなものがダーッと立っていて、その上に金色《きんいろ》の大きな輪っかがかかり、さらに、その上に円盤《えんばん》のようなものがいるのが分かります。ダーッと「光の柱」のようなものが降りてきています。

この人の上は、よく、そういう感じになるようではありますね。

そして……。

（右手を大きく回しながら、約五秒間の沈黙）

また、今「猫型《ねこがた》」という声が、ちょっと聞こえるんですよ。猫型？　猫型とは何ですか。猫型（笑）、まさかドラえもんではないですよね（笑）。それは……。

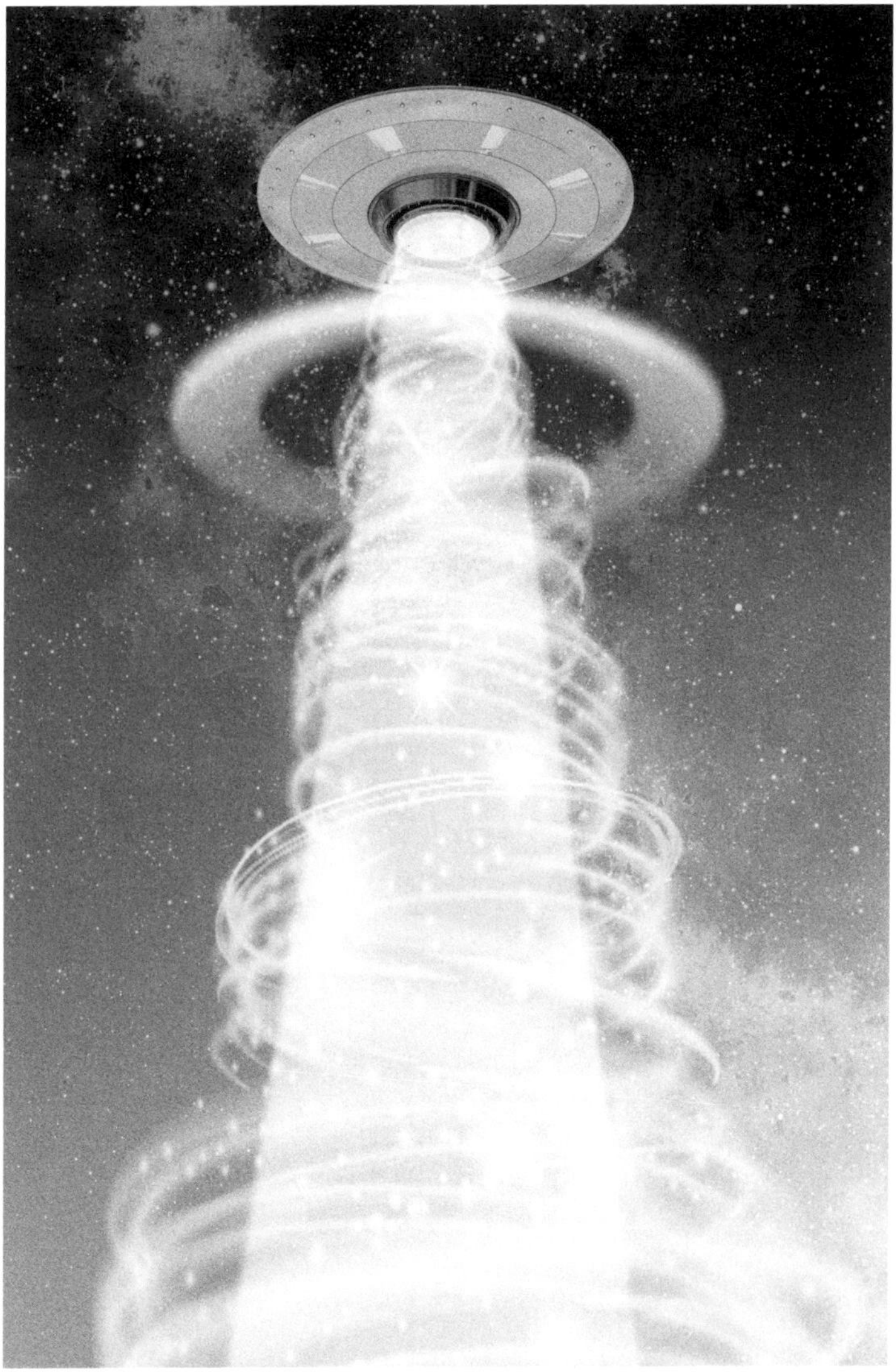

光の柱の上に円盤のようなものが……（想像図）。

斎藤　先ほどもお話に出ましたけれども、前回の二〇一五年九月の収録で、この方の体験をリーディングしたときには、現れた宇宙人の姿は体が「猫」で、頭の上に「トキの帽子《ぼうし》」を被《かぶ》っていました。

大川隆法　ああ、猫ですか。〝猫&《アンド》トキ型宇宙人〟。うーん……。「猫型」という声が、今、少し聞こえたのですが。

うーん、厳しいですね……。もう少しブロックを外せないでしょうか。そうとう固めていますね。

（両手を対象者に向けながら、約十秒間の沈黙）

もう少し本性《ほんしょう》を明らかにしていただきたい。

もう少し本性を明らかにしていただきたい。

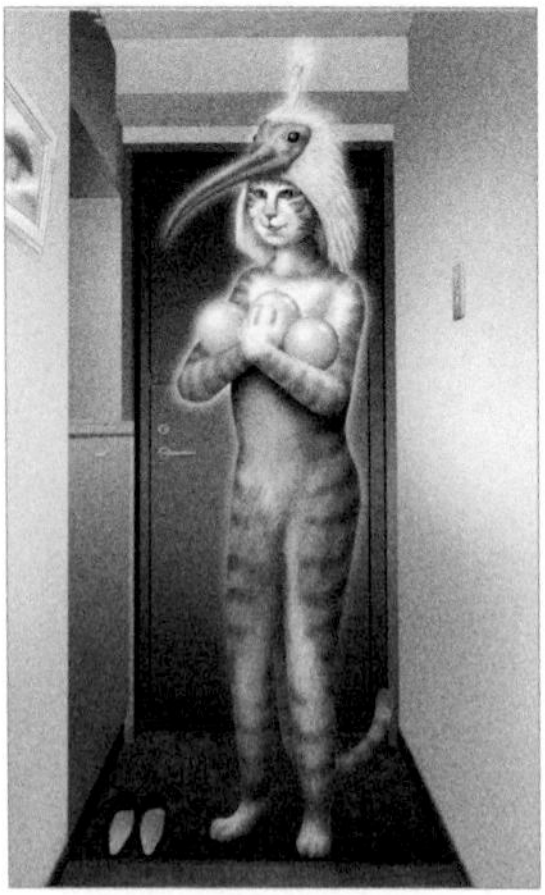

●現れた宇宙人の姿は……　2015年9月25日に行われたリーディングで現れた宇宙人のイメージイラスト。『宇宙人体験リーディング』（前掲）より。

何が体をグルグルと巻いたのですか。教えてください。体を巻いているものは何ですか。これを教えてください。

（右手を対象者に向けながら、約十五秒間の沈黙）

うん……。

（約五秒間の沈黙）

これは分かりにくいですね。これは正体不明です。少し気をつけないと、何重にもなっているから、正体を明かしにくいのです。

もしかしたら、幻覚《げんかく》的にいろいろなものを見せるタイプかもしれません。

斎藤　幻覚型で何重もの幻覚を。

大川隆法　地球人に幻覚を見せるタイプで、そう簡単には本質が見えないタイプかもしれないですね。

そういう意味では、「スパイのなかのスパイ」という感じでしょうか。

斎藤　スパイですか。

大川隆法　うーん、分かりません。分かりにくいですね。もう少し、すっきりした姿とかがはっきり視えてくれれば分かりやすいのですが。分かりにくいですね……。

アトランティス時代のカマキリのような姿

大川隆法　ちょっと、指導霊を替《か》えてみましょうか。指導霊を替えてみましょうか。

（手を上げて）トデシア、フ……、うーん、ゴダダ、フヨノ、ゴジデ……、イデラシダゴドデ、エー、ジー、クー、シアガタザパタチケディエ、アー、エー、クー、スー、シン、イン、アーラーパーイーウ、ゴー、シ、シ、ウラセカラポ、エ、エンジ、グー、ツー、スエラ、タ、タカラ、イク、シ、ガペ、オー、ウイー、ケーラ、シー、ギクー、イー、ゲーイー、トーウーアー、イー、グエーリ、ゴ、ウエイ、ドゥー、ゴエ、ドゥ、イシェ、シー、シェ、ク、リカポーラバシキアク、ト、エ、エキシラカ、コ、イ、イルストゥク、トコ、ペカ、イ、ク、クルスタパラ、ピル、クイ、カン、チ、グススタぺキ、クイリア、クイリア、ク、ココ、コ、ヒ、ジトゥダ、ア、グダラ、ガ、ギ、グ、ウイー、キ、チェカ、アラ、キ、ブスラ、ア、オイ、オイ、オイ、グア、オッシー、タバラ。タバラ、タバラ、グイ、シ、ゴー、アイウシ、エン、ジ、クスラパ、コイエ、トゥー、スイ。

（約五秒間の沈黙）

うーん……。うーん……。

（約十秒間の沈黙）

この人は、アトランティス時代からいますね。

斎藤　アトランティス時代からいらっしゃる。

大川隆法　うーん、アトランティス時代からいます。

斎藤　はああ……。

大川隆法　アトランティス時代からいますね。けっこう幾つかの文明に出てきているので、姿がたくさんあるのはそのせいです。うーん、アトランティス時代あたりからありますね。アトランティス時代に現れています。

（約五秒間の沈黙）

うーん……。

（約五秒間の沈黙）

大きな竜巻《たつまき》のようなものがアトランティスを襲《おそ》っているのですが、それが通常の竜巻ではなくて、すごく高いのです。高度が高いところまで、竜巻がずっと上がっていて、その中心のすごく高いところに、おそらくＵＦＯが存在しているのだと思うのですが、ときどき、アトランティス人を怖がらせるようなこともしているＵＦＯが来てはいます。

そして、うーん……。

（約五秒間の沈黙）

正体を明らかに……。

（約五秒間の沈黙）

今、視えているのは、前回視たものとはだいぶ違うのですが、腕の先は尖《とが》っています。ドリルのような螺旋《らせん》が入っていないので、ドリルとは言えないのですが、両腕に金属製の尖りがあります。目は、大きなトンボのような目をしていて、二本の触角《しょっかく》が出ていて、首があり、背中は、やはり、ややカマキリに似ている感じです。

この手は、物はつかめないと思いますね。尖っているので戦闘《せんとう》用か、掘削《くっさく》用か、何かそのようなものに視えるけれども、カマキリが大きくなったスタイルのように

カマキリ型宇宙人の想像図。

は視えるのです。

これは、おそらく、アトランティス時代に現れた姿だろうと推定いたします。

共生しているカマキリ型宇宙人とタコ型宇宙人

大川隆法　それで、いったい何をしに来たのですか。

（質問者に）「カマキリ型」というのは、前にも出たことがありますよね？

斎藤　はい。カマキリ型はございました。「心霊現象リーディング」の三人目のときに、カマキリ型とタコ型が並んでいました。

大川隆法　タコ型がいましたか。

●心霊現象リーディング　2017年7月4日収録「心霊現象リーディング」。『心霊現象リーディング』（幸福の科学出版刊）参照。（上）同書に掲載されているカマキリ型宇宙人とタコ型宇宙人の想像図。

斎藤　はい。電気を操《あやつ》る宇宙人ということで、カマキリ型とタコ型が出ました。

大川隆法　ああ。

斎藤　その前にも、●一回、カマキリ型は出てきています。科学系の人が一人、「カマキリ型であった」という霊査《れいさ》をされています。

大川隆法　カマキリ型は、タコ型と一緒《いっしょ》にいたのですね？

斎藤　はい、いました。

大川隆法　そうしたら、この対象者に巻きついているものは、そのタコ型でしょう。おそらく、タコ型だと思います。

●一回、カマキリ型は……　『宇宙人による地球侵略はあるのか』（幸福の科学出版刊）参照。

斎藤　巻きついたのはタコ型ですか。以前、総裁先生は、（カマキリ型とタコ型の）二人が同じ宇宙船に乗っていたと霊視《れいし》されました。

大川隆法　ええ。ですから、なぜかは分かりませんが、仲が良いのでしょうね。

斎藤　はい（笑）。

大川隆法　どうして、タコとカマキリが仲が良いのかは、私には分かりませんが、おそらく、一緒に住んでいるのでしょう。本当は、どこかの星か何かに住んでいる生き物というか、星人なのでしょうね。どうやら、タコ型とカマキリ型が共生している星があるようです。

前のときに、場所がどこかは出ましたか。

斎藤　場所は、ただ……。

大川隆法　分からなかった？

斎藤　「やぎ座」のほうだと言っていました。「やぎ座」と言っていた記憶《きおく》があります。

大川隆法　少なくとも、今視たアトランティスの時代に出てきた姿は、その姿に近いと思うので、以前にも、タコ型と一緒のところが目撃《もくげき》されているのなら、そのセットだと思うのですけれども。

おそらく、今回、タコ型はセットだと思うのですが、なぜ、タコ型とカマキリ型が一緒なのか、どういうかたちで共生し合っているのかが、私にもよく分かりません。タコ型のほうに声をかけないといけないのでしょうか。

うーん、この前は「猫型」で出ていて、上に「トキ」の何かを被っていたのでしょう？

斎藤　はい。「トキの帽子」を被っていると言っていました。

大川隆法　ああ、でも、トキはアトランティスですか。

斎藤　はい。トキは、アトランティスのトス神ですね。

大川隆法　ああ、トスですよね。トキは、トスの象徴ですよね。

猫はやや分かりにくいのですが……。宗教的

●トキはアトランティス……　古代エジプトの智慧の神であるトート神は、トキの姿で描かれる（上）。幸福の科学の霊査では、トート神はアトランティス文明の最盛期を築いた大導師トス神であり、地球神エル・カンターレの分身の一人であることが明らかになっている。『神秘の法』（幸福の科学出版刊）等参照。

に猫を祀《まつ》っているところはあったでしょうか。

斎藤　エジプトのほうでは猫が尊いと……。

大川隆法　ああ、かわいがられていましたか。

斎藤　はい。神殿《しんでん》には、猫の像が置いてあります。

大川隆法　ああ、あの時代は、猫がかわいがられていましたか。そうですか。猫もありえますか。うーん……。

対象者の夢にもよく出てくるワームホール

大川隆法　謎《なぞ》が多い人ですね。とても謎が多いです。

うーん、今、いちばん関係があるのは、何ですか。

（両手を対象者に向けながら、約五秒間の沈黙）

本人から訊《き》きたいことはないですか。

阪本　先ほど、「ワームホール」というお話が出ましたが、私も、夢のなかでよくワームホールを見まして、それも、青くてたいへん巨大《きょだい》なものなのです。よく見るのは、気がつくとワームホールの前に立っており、その奥《おく》から、戦闘用の大船団が来ているので、ワームホールを閉《と》じるという夢です。そういう仕事を、夢のなかで何回かいたしました。

大川隆法　ああ、なるほど。

阪本　なので、いちおう地球を護ってはございます（笑）。

大川隆法　（笑）（会場笑）

斎藤　そこに〝着地〟ですか（笑）。

大川隆法　そこへ持ってきましたか。ああ、着地はそこですか。「護っている」と、「ワームホールのゲートキーパーだ」とおっしゃるわけですね。

斎藤　ゲートキーパーで。

大川隆法　なるほどね。

確かに、少なくともアトランティスからあとの幾つかの文明に関係していて、文明のたびに、たぶん姿は変わっているのではないかと思います。魂《たましい》的には一カ所の星以外にも関係があるようなので、もしかしたら、幾つかの宇宙人から国際外交官風に使われている人なのかもしれません。そういう意味で、いろいろな〝交通整理〟をしている可能性はあると思います。

対象者が、タコ型の宇宙人に体をグルグル巻きにされたのはよく分かりませんが、以前、タコ型の宇宙人がカマキリ型の宇宙人と一緒にいたということであるので、〝添《そ》い寝〟をしていたのだと推定されます。特に悪意はないだろうと思われます。

ただ、この人の〝友達〟には、ほかにももっと怪《あや》しげな宇宙人がたくさんいるような気がします。

この人をリーディングしても、姿がはっきりと視えないんですよ。いろいろなものが重なってくるので、視えにくいのです。先ほどは猫型の宇宙人もあったし、トキの頭を被っているものもあったし、タコ型やカマキリ型など、まだほかにもきっとあると思います。

最初に「二重スパイ」と言っていたので、本当は帰属《きぞく》がどこかはっきり分からないということなのかもしれません。それが正体なのでしょうね。

幸福の科学には何をしに来たのですか？

（約五秒間の沈黙）

「いや、またもうすぐ大きなゲートが開《ひら》くんです。もうすぐ大きなゲートが開くので、大好きな斎藤さんにそれを見ていただきたいなあ」と言っています。

斎藤　（笑）

大川隆法　「宇宙人がバーッといっぱい出てくるところを見ていただきたいなあと思っています。

ぜひとも、日本でこのスターゲートをお披露目《ひろめ》して、いろいろな宇宙人が来るところの露出をもっともっと増やしていきたいです。外国ばかりではなくて、何とか日本で見えるようにしていきたいと思っています」と言っています。

「自分としては多国籍の存在ではあるんだけれども、今は『エル・カンターレの弟子』というパスポートがいちばん気分的にはいいんだ」と言っていますね。パスポートは何枚も持っているそうですが、「エル・カンターレの弟子」というパスポートが今のところは気に入っていて、来る宇宙人に、「私、こういう者です」という感じで言うのが喜びではあるようです。知っている宇宙人の数がものすごく多いらしいので、たぶん友達もいるのだろうと思います。

本人が言っているとおり、「いろいろな人が出たり入ったりするようなところで、窓口の役割はしているけれども、特別な悪い意図みたいなものを持ったりしているわけではない」ということを言っていますね。ゲートキーパーか、あるいは、ガイドのようなつもりでいるようです。

「『二重スパイ』ないし『多国籍スパイ』と言われれば、そういう面は確かにあるし、情報は売っています。ただ、それを買ってもいて、そうした宇宙情報をみんなに共有してもらうことによって、人類の進化に協力したいという気持ちであります。

今は、『エル・カンターレの弟子』というパスポートをいちばん大事にしておりますので、教団に置いてくださいませ」ということを言っていますね。

エジプトにピラミッドができるころに呼ばれたオリオン系の宇宙人

大川隆法　ほかに何か知りたいことはありますか。

斎藤　先ほど、非常に神秘的な霊査と異言《いげん》をされていたと思います。その際、「指導霊を替えてみようか」とおっしゃっていましたが、宇宙の力でまた新たに何か霊査をされていたのですか。

大川隆法　（笑）

斎藤　秘儀《ひぎ》でしたら、すみません。これ以上は……。

大川隆法　ええ、こちらもいろいろですから。

斎藤　ああ、そうですか。すみません。

大川隆法　いや、「どこなら感応《かんのう》してくるか」と思って、いろいろと試《ため》していたのですけれども。

先ほどは、「オリオン系の宇宙人を呼ぶ言葉」を唱《とな》えていました。エジプトにピラミッドができるころに、オリオンの星座から宇宙人をそうとう呼んだのですが、そのときの言葉を使っていました。

斎藤　はあ。

大川隆法　それで、指導霊をトスに替えたのです。エジプトの関係では、彼を使っていました。オリオンの人たちを呼ぶ言葉です。マントラ（真言《しんごん》）のようなものを使いました。

斎藤　秘儀を拝見しました。

大川隆法　ただ、この人（阪本）は分かりづらいので、〝多国籍人〟としか認定しようがありません。

斎藤　〝多国籍人〟という認定です（会場笑）。

大川隆法　なかなか完全には分からないですね。

斎藤　とんでもないことでございます。

大川隆法　編集局に面白《おもしろ》い人をたくさん入れてくださって、本当にありがとうございます。これからもその〝触角〟で、よさそうな人をどんどん採用してください。

斎藤　（笑）分かりました。

本日は、本当に貴重な体験をすることができました。最後に、ものすごいマントラも聞かせていただきまして、トス神の時代から宇宙との交流があったことを確信できました。

信じがたい映像がたくさん出てくる映画「宇宙の法―黎明《れいめい》編―」

大川隆法　とはいえ、御生誕祭の法話《ほうわ》で「宇宙時代の幕開け」という演題を付けられて、私も困ってはいます。

どうすればよいのでしょうか。このテーマだと、「秘儀」から「一般導入《いっぱんどうにゅう》」までかなり幅があるので、どうしようかと思って本当に困っています。

綾織　やはり、核《かく》戦争の時代でもありますので、そのあたりに関しては、宇宙人もエル・カンターレの教えを聴《き》きたいのではないかと思われます。

大川隆法　広報の人も機嫌《きげん》よく、この世的な人を大勢呼んでいるので、月刊「ムー」に載《の》らないような話にしなければならないとは思いつつも、月刊「ザ・リバティ」（幸福の科学出版刊）には載るぐらいの話にする必要があります。そのため、とても難しいのですね。

もう、これはしかたがないですね。諦《あきら》めるしかありません。聴衆《ちょうしゅう》は演題からして、何を話されても諦めているのではないかな。

綾織　さまざまな話を聴きたいというニーズがあると思います。

大川隆法　そうですか。

もっとも、去年（二〇一七年）、東京ドームで行われた講演会のときは創世記の話をしたので、「反発が来るかな」と思っていましたが、別にそういうことはありませんでした。

綾織　はい。参加者は非常に興味深く聴いていらっしゃいました。

大川隆法　やはり、三十年間活動してきたことが効いているのでしょうか。

おそらく一九九一、二年ごろに東京ドームあたりで同じ内容の話をしたら、反発は来ていたと思われます。ところが、去年は特にそういったことがなかったのです。「宗教だから、そういうものもあるでしょう」というような感じになっていたので、

●東京ドームで行われた……　2017年8月2日、東京ドーム特別大講演会「人類の選択」。『信仰の法』（幸福の科学出版刊）参照。

それなりに時間がたったのでしょうか。

要するに、「どこまで話して構わないか」ということなんですよね。

ただ、映画「宇宙の法―黎明編《れいめいへん》―」を観《み》ても、信じがたい映像がたくさん出てくるので、少しは踏《ふ》み込《こ》んでいかなければならないと思います。

ただ、この映画は昔の話ですけれども、現代の話でどこまで踏み込めるかは分かりません。

まあ、「どこまでであれば〝狂人《きょうじん》〟になっても許されるのか」という感じでしょうか。

斎藤　新時代に向けまして、本日の貴重なリーディングも、心の糧《かて》となるように咀《そ》嚼《しゃく》しながら伝道を頑張《がんば》って、総裁先生に最高の法をお説きいただけるよう、われわれ仏弟子一同も精進《しょうじん》してまいります。

大川隆法　当会の今年の新入職員は過去世《かこぜ》リーディングをしていないから、宇宙人っぽい人はできるだけ編集局あたりに集めるなりすれば、新しい情報が入るかもしれませんね。

斎藤　（笑）はい！　人事局長ともよく相談しつつ、練りに練って法をお説きいただける環境《かんきょう》をつくってまいります。

大川隆法　はい。私のほうは、できるだけ狂《くる》っていると思われない範囲《はんい》内で、どこまで法を説けるかという研究をしてみたいと思います。

質問者一同　本日は、本当にありがとうございました。

あとがき

本書は、今年の六月後半に行われた二度のリーディング内容が収録されたものである。七月四日に「さいたまスーパーアリーナ」で『宇宙時代の幕開け』という演題での講演をしたので、そのウォーミング・アップ的に「宇宙人体験リーディング」をやってみたまでである。

本当の不思議現象は、このあと、七月、八月に続出してゆく。埼玉、徳島、群馬、東京と、私が説法する先々でＵＦＯが現れ、写真も動画も撮《と》られた。ここ二カ月余りで撮影されたものはすでに五十機を超えている。私は動画の中で直接ＵＦＯ

に話しかけて、宇宙人のリーダーと対話した内容まで公開している。
単なる興味本位のレベルを超えて、すぐそこに、ＵＦＯや宇宙人との接近遭遇《せっきんそうぐう》は始まっているのである。

二〇一八年　九月四日

幸福《こうふく》の科学《かがく》グループ創始者兼総裁《そうししゃけんそうさい》　大川隆法《おおかわりゅうほう》

『宇宙人体験リーディングⅡ』関連書籍

『太陽の法』(大川隆法 著　幸福の科学出版刊)
『黄金の法』(同右)
『神秘の法』(同右)
『信仰の法』(同右)
『ザ・コンタクト』(同右)
『愛は風の如く』全四巻(同右)
『グレイの正体に迫る』(同右)
『地球を守る「宇宙連合」とは何か』(同右)
『宇宙人との対話』(同右)
『宇宙人体験リーディング』(同右)
『宇宙からのメッセージ』(同右)

『心霊現象リーディング』(同右)
『宇宙人による地球侵略はあるのか』(同右)

※左記は書店では取り扱っておりません。最寄りの精舎・支部・拠点までお問い合わせください。
『アルファの法』(大川隆法 著　宗教法人幸福の科学刊)
『宇宙連合の指導者インカール』(同右)
『こぐま座のタータム1星人』(同右)
『特別版 宇宙人リーディング――多様なる宇宙人編――』(大川隆法 監修　同右)

宇《う》宙《ちゅう》人《じん》体《たい》験《けん》リーディングⅡ
――新種の宇宙人を調査する――

2018年9月14日　初版第1刷

著　者　　大《おお》　川《かわ》　隆《りゅう》　法《ほう》

発行所　　幸福の科学出版株式会社
〒107-0052 東京都港区赤坂2丁目10番14号
TEL(03)5573-7700
https://www.irhpress.co.jp/

印刷・製本　株式会社 堀内印刷所

落丁・乱丁本はおとりかえいたします

ISBN978-4-8233-0030-1 C0014

大川隆法ベストセラーズ・幸福の科学の目指す教育

幸福の科学学園の未来型教育

「徳ある英才」の輩出を目指して

幸福の科学学園の大きな志と、素晴らしい実績について、創立者が校長たちと語りあった――。未来型教育の理想がここにある。

1,400円

夢は叶う

生徒が伸びる、個性が輝く
「幸福の科学学園」の教育

「学力」「徳力」「創造力」――。この学園から、日本の教育が変わる! 2010年に創立した「幸福の科学学園」の数々の実績と魅力がこの一冊に。

1,500円

光り輝く人となるためには

クリエイティブでプロダクティブな
人材を目指して

真の学問には「真」「善」「美」がなくてはならない――。芸能と政治のコラボなど、創造性・生産性の高い人材を養成するHSUの圧倒的な教育力とは?
【HSU出版会刊】

1,500円

※表示価格は本体価格(税別)です。

大川隆法シリーズ・**最新刊**

宇宙人リーディング 理系秀才編
金星ルーツの宇宙人が語る

「DNAと魂の関係」「ワープ原理」「生命の創造」など、驚異の宇宙テクノロジーを解説！ 宇宙工学と霊界科学をミックスした未来科学への扉を開く一書。

1,400円

公開霊言 ホーキング博士 死後を語る

英語霊言 日本語訳付き

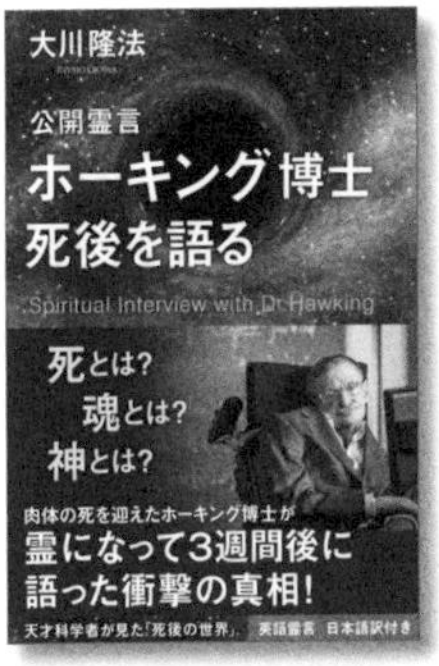

難病を耐え抜いた天才物理学者・ホーキング博士との、死から3週間後のコンタクト。生前、神もあの世も否定した同氏は、死後の世界をどう語るのか──。

1,400円

吉高由里子 人気女優のスピリチュアル・パワー

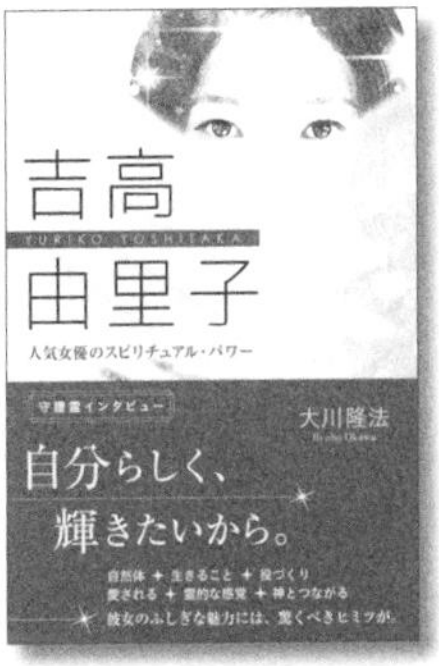

清純な役からホラーまで、どんな役を演じても必ず自分に戻ってくる──。「霊感」もあるという女優・吉高由里子の演技論と、そのパワーの根源とは？

1,400円

幸福の科学出版

想像を絶する、
〝始まり〟へ。
3億3千万年の時空を超えて――いま、
壮大なスケールで描かれる真実の創世記。
この星に込められた、「地球神」の愛とは。
製作総指揮・原案／大川隆法
長編アニメーション映画
宇宙の法
黎明編
The LAWS of the UNIVERSE-PART I
逢坂良太　瀬戸麻沙美　柿原徹也　金元寿子　羽多野 渉　／　千眼美子
梅原裕一郎　大原さやか　村瀬 歩　立花慎之介　安元洋貴　伊藤美紀　浪川大輔
監督／今掛 勇　音楽／水澤有一　総作画監督・キャラクターデザイン／今掛 勇　キャラクターデザイン／須田正己　VFXクリエイティブディレクター／粟屋友美子
アニメーション制作／HS PICTURES STUDIO　幸福の科学出版作品　配給／日活　配給協力／東京テアトル　©2018 IRH Press
10.12［FRI］日米同時公開
laws-of-universe.hspicturesstudio.jp

幸福の科学グループのご案内

宗教、教育、政治、出版などの活動を通じて、地球的ユートピアの実現を目指しています。

幸福の科学

一九八六年に立宗。信仰の対象は、地球系霊団の最高大霊、主エル・カンターレ。世界百カ国以上の国々に信者を持ち、全人類救済という尊い使命のもと、信者は、「愛」と「悟り」と「ユートピア建設」の教えの実践、伝道に励んでいます。

（二〇一八年九月現在）

愛

幸福の科学の「愛」とは、与える愛です。これは、仏教の慈悲《じひ》や布施《ふせ》の精神と同じことです。信者は、仏法真理をお伝えすることを通して、多くの方に幸福な人生を送っていただくための活動に励んでいます。

悟り

「悟り」とは、自らが仏の子であることを知るということです。教学《きょうがく》や精神統一によって心を磨き、智慧《ちえ》を得て悩みを解決すると共に、天使・菩薩《ぼさつ》の境地を目指し、より多くの人を救える力を身につけていきます。

ユートピア建設

私たち人間は、地上に理想世界を建設するという尊い使命を持って生まれてきています。社会の悪を押しとどめ、善を推し進めるために、信者はさまざまな活動に積極的に参加しています。

国内外の世界で貧困や災害、心の病で苦しんでいる人々に対しては、現地メンバーや支援団体と連携して、物心両面にわたり、あらゆる手段で手を差し伸べています。

年間約３万人の自殺者を減らすため、全国各地で街頭キャンペーンを展開しています。

公式サイト **www.withyou-hs.net**

ヘレン・ケラーを理想として活動する、ハンディキャップを持つ方とボランティアの会です。視聴覚障害者、肢体不自由な方々に仏法真理を学んでいただくための、さまざまなサポートをしています。

公式サイト **www.helen-hs.net**

入会のご案内

幸福の科学では、大川隆法総裁が説く仏法真理《ぶっぽうしんり》をもとに、「どうすれば幸福になれるのか、また、他の人を幸福にできるのか」を学び、実践しています。

入会

仏法真理を学んでみたい方へ

大川隆法総裁の教えを信じ、学ぼうとする方なら、どなたでも入会できます。入会された方には、『入会版「正心法語」』が授与されます。

ネット入会 入会ご希望の方はネットからも入会できます。
happy-science.jp/joinus

三帰《さんき》誓願《せいがん》

信仰をさらに深めたい方へ

仏弟子としてさらに信仰を深めたい方は、仏《ぶっ》・法《ぽう》・僧《そう》の三宝《さんぼう》への帰依を誓う「三帰誓願式」を受けることができます。三帰誓願者には、『仏説・正心法語《しょうしんほうご》』『祈願文《きがんもん》①』『祈願文②』『エル・カンターレへの祈り』が授与されます。

幸福の科学 サービスセンター
TEL 03-5793-1727 （受付時間／火～金：10～20時 土・日祝：10～18時）

幸福の科学 公式サイト
happy-science.jp

仏法真理塾「サクセスNo.1」

全国に本校・拠点・支部校を展開する、幸福の科学による信仰教育の機関です。小学生・中学生・高校生を対象に、信仰教育・徳育にウエイトを置きつつ、将来、社会人として活躍するための学力養成にも力を注いでいます。

TEL 03-5750-0747(東京本校)

エンゼルプランV TEL 03-5750-0757

幼少時からの心の教育を大切にして、信仰をベースにした幼児教育を行っています。

不登校児支援スクール「ネバー・マインド」 TEL 03-5750-1741

心の面からのアプローチを重視して、不登校の子供たちを支援しています。

ユー・アー・エンゼル!(あなたは天使!)運動

一般社団法人 ユー・アー・エンゼル TEL 03-6426-7797

障害児の不安や悩みに取り組み、ご両親を励まし、勇気づける、
障害児支援のボランティア運動を展開しています。

NPO活動支援

いじめから子供を守ろうネットワーク

学校からのいじめ追放を目指し、さまざまな社会提言をしています。また、各地でのシンポジウムや学校への啓発ポスター掲示等に取り組む一般財団法人「いじめから子供を守ろうネットワーク」を支援しています。

公式サイト mamoro.org ブログ blog.mamoro.org

相談窓口 TEL.03-5719-2170

百歳まで生きる会

「百歳まで生きる会」は、生涯現役人生を掲げ、友達づくり、生きがいづくりをめざしている幸福の科学のシニア信者の集まりです。

シニア・プラン21

生涯反省で人生を再生・新生し、希望に満ちた生涯現役人生を生きる仏法真理道場です。定期的に開催される研修には、年齢を問わず、多くの方が参加しています。全国151カ所、海外12カ所で開校中。

【東京校】TEL 03-6384-0778 FAX 03-6384-0779

メール senior-plan@kofuku-no-kagaku.or.jp

幸福の科学出版

大川隆法総裁の仏法真理の書を中心に、ビジネス、自己啓発、小説など、さまざまなジャンルの書籍・雑誌を出版しています。他にも、映画事業、文学・学術発展のための振興事業、テレビ・ラジオ番組の提供など、幸福の科学文化を広げる事業を行っています。

アー・ユー・ハッピー？
are-you-happy.com

ザ・リバティ
the-liberty.com

幸福の科学出版
TEL **03-5573-7700**
公式サイト **irhpress.co.jp**

THE FACT
ザ・ファクト
マスコミが報道しない
「事実」を世界に伝える
ネット・オピニオン番組

Youtubeにて
随時好評
配信中！

ザ・ファクト　検索

NEW STAR PRODUCTION

ニュースター・プロダクション

「新時代の"美しさ"」を創造する芸能プロダクションです。2016年3月に映画「天使に"アイム・ファイン"」を、2017年5月には映画「君のまなざし」を公開しています。公式サイト **newstarpro.co.jp**

ARI Production

ARI《アリ》 Production《プロダクション》

タレント一人ひとりの個性や魅力を引き出し、「新時代を創造するエンターテインメント」をコンセプトに、世の中に精神的価値のある作品を提供していく芸能プロダクションです。公式サイト **aripro.co.jp**

大川隆法　講演会のご案内

大川隆法総裁の講演会が全国各地で開催されています。講演のなかでは、毎回、「世界教師」としての立場から、幸福な人生を生きるための心の教えをはじめ、世界各地で起きている宗教対立、紛争、国際政治や経済といった時事問題に対する指針など、日本と世界がさらなる繁栄の未来を実現するための道筋が示されています。

2018年7月4日 さいたまスーパーアリーナ「宇宙時代の幕開け」

2017年5月14日 ロームシアター京都「永遠なるものを求めて」

2017年8月2日 東京ドーム「人類の選択」

2018年2月3日 都城市総合文化ホール(宮崎県)「情熱の高め方」

2017年12月7日 幕張メッセ(千葉県)「愛を広げる力」

講演会には、どなたでもご参加いただけます。
最新の講演会の開催情報はこちらへ。⟹　大川隆法総裁公式サイト
https://ryuho-okawa.org